Hans D. Jarass (Hg.)

Wechselwirkungen zwischen Raumplanung und Wasserwirtschaft

Zentralinstitut für Raumplanung
der Deutschen Akademie
für Städtebau und Landesplanung

Herausgeber: Werner Hoppe · Hans D. Jarass

In der Schriftenreihe Beiträge zum Raumplanungsrecht werden Ergebnisse von wissenschaftlichen Untersuchungen des Zentralinstituts für Raumplanung an der Westfälischen Wilhelms-Universität Münster veröffentlicht.

Schriftleitung: Heike Schoen

Zentralinstitut für Raumplanung
an der Universität Münster
Beiträge zum Raumplanungsrecht

237

Hans D. Jarass (Hg.)

Wechselwirkungen zwischen Raumplanung und Wasserwirtschaft

Neue Vorschriften im Raumordnungsrecht und Wasserrecht

Symposium des Zentralinstituts für Raumplanung an der Universität Münster und des Instituts für das Recht der Wasser- und Entsorgungswirtschaft an der Universität Bonn am 30. Mai 2008

Der juristische Verlag
lexxion
Berlin

Bibliografische Informationen der Deutschen Bibliothek

Die Deutsche Bibliothek verzeichnet diese Publikation in der Deutschen Nationalbibliografie; detaillierte bibliografische Daten sind im Internet über <http://dnb.ddb.de> abrufbar.

ISBN: 978-3-93 98 04-68-0

www.lexxion.de

Vorwort

Raumplanung und Wasserwirtschaft beeinflussen sich wechselseitig. Seit Inkrafttreten der Wasserrahmenrichtlinie der Europäischen Gemeinschaft im Jahre 2002 weist der Gewässerschutz noch deutlichere Raumbezüge auf. Die Raumordnung muss ihrerseits die Gewässer als wesentliche Elemente des Raumes in ihre Analyse einbeziehen. Dementsprechend sind beide Felder durch vielfältige Querbeziehungen geprägt. Einerseits wurde das Raumordnungsgesetz beim Erlass des Hochwasserschutzgesetzes geändert, um die Gesamtplanung mit dem Wasserrecht stärker zu vernetzen. Raumbedeutsame Aussagen der wasserwirtschaftlichen Planung zur Umsetzung der Ziele der Wasserrahmenrichtlinie müssen gesamtplanerisch gesichert werden. Die flussgebietsbezogene Bewirtschaftung der Gewässer erfordert also nicht nur den Einsatz der herkömmlichen Instrumente des Wasserwirtschaftsrechts, sondern zudem die Nutzung raumplanerischer Instrumente. Andererseits müssen bis zum Jahr 2009 Maßnahmenprogramme für Gewässer aufgestellt werden, die anschließend in den zu erstellenden Bewirtschaftungsplänen nach § 36 WHG umgesetzt werden sollen. Nach der Raumordnungsklausel in § 36 Abs. 1 S. 2 WHG unterliegt die Aufstellung dieser Maßnahmenprogramme der Bindung an die Ziele der Raumordnung.

Diese Themen wurden vor dem Hintergrund der neuen Regelungen im Raumordnungs- und im Wasserrecht auf nationaler sowie auf europarechtlicher Ebene im Rahmen des Symposiums des Zentralinstituts für Raumplanung an der Universität Münster und des Instituts für das Recht der Wasser- und Entsorgungswirtschaft an der Universität Bonn am 30. Mai 2008 in Münster behandelt. Die Fachtagung wurde eingeleitet mit Berichten aus dem Bundesministerium für Verkehr, Bau und Stadtentwicklung über den Entwurf des neuen Raumordnungsgesetzes sowie aus dem Ministerium für Wirtschaft, Mittelstand und Energie des Landes Nordrhein-Westfalen über aktuelle Entwicklungen des Landesplanungsrechts.

Nach einer Einführung in die Thematik der Veranstaltung wurden die Wechselwirkungen zwischen Raumplanung und Wasserwirtschaft sowohl aus wasserrechtlicher als auch aus raumplanungsrechtlicher Sicht betrachtet. Zudem widmete sich das Symposium den Auswirkungen des Hochwasserschutzes auf Raumordnungspläne sowie speziell dem Thema des Hochwasserrisikomanagements.

Die Vorträge der Veranstaltung werden traditionsgemäß mit dem vorliegenden Tagungsband der interessierten Öffentlichkeit zugänglich gemacht. Darüber hinaus umfasst der Tagungsband die Zusammenfassungen der Diskussionsbeiträge.

Ein besonderer Dank gebührt Professor Dr. Dr. Wolfgang Durner LL.M., der sich nach Erkrankung von Professor Dr. Jens Kersten sehr kurzfristig in dessen Gedanken hinein versetzte und den Vortrag über Wasserwirtschaft und Raumordnung aus raumplanungsrechtlicher Sicht auf der Grundlage des Skripts von Professor Dr. Kersten übernahm. Ein herzlicher Dank richtet sich sodann an die Referenten und Diskussionsleiter und auch an die Diskussionsredner für ihre weiterführenden Beiträge. Sie alle haben erheblich zu einer gelungenen Veranstaltung, die auch von der ausgezeichneten Zusammenarbeit der sie ausrichtenden Institute lebte, beigetragen. Darüber hinaus danken das Zentralinstitut für Raumplanung und das Institut für das Recht der Wasser- und Entsorgungswirtschaft ganz besonders der Handwerkskammer Münster für die Überlassung der hervorragenden Tagungsräumlichkeiten und die bewährte freundliche Unterstützung bei der Durchführung der Veranstaltung.

Münster, im November 2008

Professor Dr. Hans D. Jarass, LL.M.

Direktor des Zentralinstituts
für Raumplanung an der
Universität Münster

Inhaltsverzeichnis

Aktuelle Entwicklungen im Raumplanungsrecht

Ministerialdirigent Dr. Wolfgang *Preibisch,* Bundesministerium
für Verkehr, Bau und Stadtentwicklung, Berlin

Auf dem Gebiet des Raumplanungsrechts will das Bundesministerium für Verkehr, Bau und Stadtwicklung in dieser Legislaturperiode noch zwei Vorhaben zum Abschluss bringen:

Das ist zum einen die Neufassung des Raumordnungsgesetzes. Das ist zum anderen die Aufstellung eines Raumordnungsplans für die deutsche ausschließliche Wirtschaftszone (AWZ). Dieses zweite Vorhaben dient der Umsetzung des integrierten Energie- und Klimaprogramms der Bundesregierung und soll die raumordnerischen Voraussetzungen für die Errichtung von Windenergieanlagen auf hoher See schaffen.

1. Zur Neufassung des Raumordnungsgesetzes

Die wichtigste gesetzgeberische Aufgabe, an der der Bund im Raumplanungsrecht arbeitet, ist die Novellierung des Raumordnungsgesetzes. Die angestrebte Neufassung des Raumordnungsgesetzes ist eine Folge der *Föderalismusreform,* die am 01. September 2006 in Kraft trat. Sie hat die Gesetzgebungskompetenzen des Bundes entscheidend geändert. Das neue Raumordnungsgesetz ist das erste Gesetz, das die Neuregelung umsetzt. Es ist deshalb nicht übertrieben, wenn man das neue ROG als *Pilotprojekt* zur Umsetzung der Föderalismusreform auf dem Gebiet der neuen verfassungsrechtlichen Gesetzgebungskompetenzen bewertet.

1.1. Neue verfassungsrechtliche Kompetenzregelung

Zu den wichtigsten Änderungen der Föderalismusreform gehört, dass eine der drei Gesetzgebungskompetenzen des Bundes entfallen ist, nämlich die Rahmengesetzgebungskompetenz. Die Raumordnung gehörte bislang zu den Materien, für die der Bund eine Rahmengesetzgebungskompetenz hatte.

Die *Abschaffung* der Rahmengesetzgebungskompetenz hat vor allem zwei Gründe. Zum einen bestand ein allgemeines Unbehagen am Institut der

Rahmengesetzgebung, weil sie zu zwei nacheinander geschalteten Gesetzgebungsverfahren auf der Ebene des Bundes und in den Ländern führte. Das hat sich insbesondere bei der Umsetzung von europäischem Recht als ineffektiv erwiesen, weil die Umsetzung dadurch viel Zeit in Anspruch nahm.

Zum anderen wurde die Rahmengesetzgebungskompetenz zunehmend kritisch betrachtet, weil sie sich in der Staatspraxis vielfach zu einer Vollkompetenz des Bundes entwickelt hatte. Das Bundesverfassungsgericht war dem entgegen getreten, indem es die *Anforderungen an die Erforderlichkeit eines Bundesgesetzes* verschärfte. Diese Rechtsprechung führte zur Grundgesetzreform von 1994. Das Erfordernis der Herstellung gleichwertiger Lebensverhältnisse oder die Wahrung der Rechts- und Wirtschaftseinheit im gesamtstaatlichen Interesse wurden seitdem einerseits jetzt eng ausgelegt, andererseits gerichtlich nachprüfbar gemacht. Die Folge war, dass viele die Rahmengesetzgebungskompetenz als kaum noch praktikabel ansahen.

Nach dem Wegfall der Rahmengesetzgebungskompetenz gehört die Raumordnung *jetzt zur konkurrierenden Gesetzgebungskompetenz*. Das sieht der neue Artikel 74 Absatz 1 Nr. 31 des Grundgesetzes (GG) vor. Artikel 72 Absatz 2 GG neu bestimmt ergänzend, dass die konkurrierende Gesetzgebung des Bundes für die Raumordnung *nicht mehr dem Gebot der Erforderlichkeit* unterliegt. Diese wird vielmehr vom Verfassungsgeber unterstellt. Inwieweit der Bund von seiner konkurrierenden Gesetzgebungskompetenz für die Raumordnung Gebrauch macht, ist also nicht verfassungsrechtlich determiniert, sondern orientiert sich an den fachlichen Erfordernissen und ist gerichtlich nicht überprüfbar.

Dafür haben die Länder jetzt das *Abweichungsrecht*. Nach dem neuen Artikel 72 Absatz 3 GG können die Länder, sobald der Bund von seiner Gesetzgebungskompetenz Gebrauch gemacht hat, durch Gesetz hiervon abweichende Regelungen treffen. Dabei legt das Grundgesetz keinen abweichungsresistenten Bereich fest. Es gibt keinen sogenannten Klammerzusatzpunkt. Das Abweichungsrecht steht jedem Land für sein Gebiet zu. Es muss von den einzelnen Ländern nicht im Sinne einer Vollregelung wahrgenommen werden, sondern kann sich auf Teilbereiche oder Teile von Vorschriften beschränken.

Man bezeichnet diese neue Gesetzgebung des Bundes mit Abweichungsmöglichkeit der Länder vielfach als »*Modellgesetzgebung*«.

Erlassen die Länder abweichendes Recht, so gilt nicht mehr der Grundsatz des Artikels 31 GG »Bundesrecht bricht Landesrecht«. Vielmehr geht das jeweils spätere Gesetz vor. Dabei tritt das Bundesrecht in dem jeweiligen Land nicht außer Kraft, sondern wird durch das abweichende Landesrecht quasi suspendiert. Hebt der Landesgesetzgeber sein abweichendes Landesrecht später auf, kommt das Bundesrecht unmittelbar wieder zur Anwendung, ohne dass es eines erneuten Rechtsaktes des Bundes bedürfte.

Streitig ist, ob es – wie früher bei der Rahmengesetzgebungskompetenz – auch jetzt noch einen Bereich der Raumordnung gibt, den nur der Bund regeln darf und der deshalb *abweichungsresistent* ist. Nach überwiegender Auffassung in der Literatur wird ein solcher abweichungsfester Kern aus der Natur der Sache angenommen. Die Begründung für die Annahme und Reichweite des abweichungsfesten Kerns sind jedoch recht unterschiedlich.

Bei der Erarbeitung der neuen verfassungsrechtlichen Vorschriften sind alle Versuche gescheitert, das Abweichungsrecht der Länder im Bereich der Raumordnung durch Bestimmung eines abweichungsfesten Kerns zu begrenzen. Zugleich bestand aber Konsens, dass die Raumordnung des Bundes nicht berührt sein sollte und das Abweichungsrecht sich nur auf die Raumordnung der Länder bezieht. Deshalb dürfte es einerseits bei den künftigen Bundesregelungen über die Raumordnung der Länder keinen abweichungsfesten Kernbereich geben. Auf der anderen Seite dürfte zum Beispiel die Regelung über die Rechtswirkung von Raumordnungsplänen gegenüber bundesrechtlich geregelten Fachplanungen allein dem Bund zustehen. Vom Abweichungsrecht nicht betroffen ist – als weiteres Beispiel – die Raumordnung in der ausschließlichen deutschen Wirtschaftszone, weil diese nicht zum Gebiet einzelner Länder gehört und damit auch nicht der Regelungskompetenz einzelner Länder unterliegt.

Der Wegfall der Rahmengesetzgebungskompetenz hat nicht dazu geführt, dass das bisherige Raumordnungsgesetz vom 18.08.1997 unwirksam geworden ist. Vielmehr bestimmt Artikel 125 b Abs. 1 Satz 2 GG, dass das bisherige Raumordnungsgesetz als Rahmenrecht fortgilt. Jedoch haben die Länder das Recht, von diesem fortgeltenden Rahmenrecht des Bundes abweichende Regelungen zu treffen.

Das neue Raumordnungsgesetz soll die gesetzliche Regelung für die Raumordnung auf eine neue, stabile Grundlage stellen. Es soll deshalb bald in Kraft treten und das nur noch als »Auslaufmodell« weitergeltende bisherige Recht ersetzen.

1.2. Stehen wir vor einer Rechtszersplitterung?

Das neue Abweichungsrecht der Länder kann leicht dazu führen, dass die bisherige Rechtseinheit auf dem Gebiet des Raumordnungsrechts verlorengeht. Die Raumordnungsminister von Bund und Ländern haben sich darauf verständigt, dass eine solche Entwicklung vermieden werden sollte. Gemeinsames Ziel ist, die Rechtseinheit möglichst weitgehend zu wahren. Deshalb bemühen sich der Bund und die Länder um ein neues Raumordnungsgesetz, das von den Ländern mitgetragen wird und ihnen wenig Anlass zur Abweichung gibt.

Um das zu erreichen, wurde eine Kommission mit Ländervertretern gebildet, die einen ersten Entwurf für das künftige Raumordnungsgesetz erarbeitet hat. Dieser Entwurf war die Grundlage für den Referentenentwurf, den das Bundesministerium für Verkehr, Bau und Stadtentwicklung erstellt hat. Dem Referentenentwurf gingen Vorentwürfe voraus, die Gegenstand intensiver Verhandlungen in den Gremien der Ministerkonferenz für Raumordnung (MKRO) waren. Auch diese Verhandlungen waren durch das Bemühen geprägt, zu konsensualen Lösungen zu gelangen.

Deshalb ist es nicht verwunderlich, dass in der förmlichen Anhörung der Länder, die der Bund nach Vorlage des Referentenentwurfs durchführte, ein breiter Konsens erreicht werden konnte.

Das Bemühen des Bundes, eine Rechtszersplitterung zu vermeiden, beschränkt sich jedoch nicht auf die – formale – Abstimmung mit den Ländern. Es wirkt sich auch auf die inhaltlichen Regelungen des neuen Gesetzentwurfs aus.

Das zeigt sich vor allem darin, dass der Bund sein Recht zur Vollregelung nicht umfassend ausschöpft. Vielmehr trifft er in einigen Bereichen nur Teilregelungen und überlässt den Ländern von vornherein Bereiche zur eigenständigen Regelung. Deshalb lässt der Gesetzentwurf zu bestimmten Fragen ergänzendes Landesrecht zu (vgl. § 28 Absatz 3 des Referentenentwurfs). Insoweit besteht ein Hauch von »Rahmengesetzgebung« weiter.

Neben dem bundesweit geltenden Raumordnungsgesetz wird es deshalb weiterhin Landesplanungsgesetze geben – und zwar unabhängig von der Abweichungsproblematik.

Zurückhaltung übt der Bund vor allem bei verfahrensrechtlichen Regelungen. So versucht der Bund nicht, unterschiedliche Bestimmungen, welche die Länder zum Zielabweichungsverfahren erlassen haben, durch eine einheitliche Regelung zu ersetzen. Vielmehr akzeptiert er die in Nuancen unterschiedlichen Regelungen der Länder und lässt sie fortbestehen. Ergänzendes Landesrecht ist darüber hinaus hinsichtlich der Zuständigkeitsregelungen, der Gebührenregelungen und im Hinblick auf die Regelungen zur Planerhaltung vorgesehen. Letzteres bedeutet, dass der Bund über die von ihm angestrebten, schon sehr weitreichenden Regelungen zur Planerhaltung hinaus noch zusätzliche Landesregelungen zulässt.

Zur Wahrung der Rechtseinheit dient auch, dass sich der neue Gesetzentwurf weitgehend am bisherigen Recht orientiert und damit an den Regelungen festhält, die allgemeine Zustimmung gefunden haben.

Damit der erreichte Konsens zwischen Bund und Ländern im bevorstehenden Gesetzgebungsverfahren nicht verlorengeht, führt der Bund – in Anlehnung an die bewährte Praxis bei den Novellen zum Baugesetzbuch – erstmals auch im Raumordnungsrecht ein Planspiel durch. Dort werden die angestrebten neuen Regelungen gemeinsam mit einzelnen Trägern der Raumplanung auf ihre Praxistauglichkeit geprüft, insbesondere in Bezug auf die Verzahnung mit dem bestehenden Verfahrensrecht der Länder. Über diese Träger sind mittelbar auch die Länder beteiligt, so dass der Bund und die Länder – über die Beteiligung des Bundesrates hinaus – auch während des Gesetzgebungsverfahrens im Dialog bleiben. Die Ergebnisse des Planspiels sollen in die parlamentarischen Beratungen des Deutschen Bundestages einfließen, so dass das Parlament aufgrund des Planspiels letzte Hand an das künftige Gesetz anlegen kann.

1.3. Was ist neu am künftigen Raumordnungsgesetz?

Wenn auch die bewährten, von Bund und Ländern gemeinsam getragenen bisherigen Regelungen möglichst weitgehend in das neue geltende Bundesrecht überführt werden sollen, bedeutet das jedoch nicht, dass der Gesetzentwurf keine Neuerungen enthält. Vielmehr soll das neue Gesetz auf der

Grundlage der praktischen Erfahrungen mit dem bisherigen Raumordnungsgesetz fortentwickelt werden. Dazu gehört auch die zwischenzeitlich ergangene Rechtsprechung. Vor allem aber will der neue Gesetzentwurf auch auf *neue Herausforderungen* reagieren. Dazu zählt insbesondere, dass der wirtschaftliche Strukturwandel und die demografische Entwicklung den Siedlungsdruck bereits in vielen Regionen erheblich zurückgehen ließen. In solchen Regionen sind Brachen und Leerstand entstanden. Deshalb verfolgt das neue Gesetz noch stärker die Wiedernutzung nicht mehr genutzter Siedlungsflächen und die Minderung der Flächeninanspruchnahme.

Geht man nun im Einzelnen durch, worin sich das künftige Gesetz vom bisherigen unterscheidet, so lässt sich für den *Aufbau des neuen Gesetzes* feststellen, dass er fast vollständig mit dem geltenden Recht übereinstimmt. Auch das neue Gesetz soll aus vier Abschnitten bestehen, die die allgemeinen Vorschriften, die Raumordnung in den Ländern, die Raumordnung im Bund sowie ergänzende Vorschriften und Schlussvorschriften zum Inhalt haben. Neu am künftigen Gesetz ist lediglich, dass es zwei Anlagen enthalten soll, die – wie schon beim Baugesetzbuch – der Umsetzung der europarechtlichen Anforderungen an die Umweltprüfung dienen. Die beiden Anlagen sollen die Elemente des Umweltberichts und des Screenings aufführen.

Auch bei den Regelungen über *Aufgabe und Leitvorstellung* der Raumordnung gibt es wenig Änderungen. Bund und Länder sind sich darin einig, dass die Raumordnung eine flächendeckende Aufgabe bleibt, die sich sowohl für den Gesamtraum als auch für *alle* Teilräume stellt. Gründlich diskutiert wurde, ob die Herstellung gleichwertiger Lebensverhältnisse auch künftig zur Leitvorstellung gehört. Dabei ging es um die Frage, ob der wirtschaftliche Strukturwandel und die demografische Entwicklung künftig noch gleichwertige Lebensverhältnisse zulassen. Am Ende war man sich darin einig, dass an der Herstellung gleichwertiger Lebensverhältnisse festzuhalten, dabei aber künftig vielleicht stärker als bisher darauf zu achten ist, dass gleichwertig nicht gleich bedeutet. Das Festhalten an der Leitvorstellung gleichwertige Lebensverhältnisse entspricht im Übrigen auch der Wertung des Verfassungsgebers. Denn Artikel 72 Absatz 2 GG bestimmt, dass der Bund auf einzelnen Gebieten der konkurrierenden

Gesetzgebung nur dann Gesetze erlassen darf, wenn und soweit das die Herstellung gleichwertiger Lebensverhältnisse erfordert.

Gründlich überarbeitet wurden dagegen die *Grundsätze der Raumordnung,* die auch künftig im § 2 geregelt werden sollen. Die Grundsätze wurden an die heutigen Herausforderungen angepasst. Maßstab waren dabei die »Leitbilder und Handlungsstrategien für die Raumordnung in Deutschland«, die der Bund und die Länder in den letzten Jahren gemeinsam erarbeitet haben. Dabei kommt den Grundsätzen die gleiche Wirkung wie bisher zu: Sie sind bei Abwägungs- und Ermessensentscheidungen zu berücksichtigen. Auch regelt das Raumordnungsgesetz weiterhin die Grundsätze nicht abschließend. Deshalb wird dem Katalog das Wort »insbesondere« vorangestellt. Das erlaubt den Ländern, weitere Grundsätze festzulegen, sowohl durch Gesetz als auch in Raumordnungsplänen (vgl. § 3 Absatz 3 des Gesetzentwurfs).

Was sind *die neuen Akzente* bei den Grundsätzen?

Das neue Gesetz wird den demografischen Wandel in besonderer Weise betonen. Es weist darauf hin, dass der zu erwartende teilweise Rückgang der Bevölkerung bei der Raumplanung zu berücksichtigen ist und deshalb stärker als bislang längerfristige Bedarfsprognosen zu erstellen sind. Eine Folge des demografischen Wandels ist auch, dass der Wohnbedarf nicht mehr ausdrücklich in den Grundsätzen, sondern nur noch in der Begründung angesprochen wird. Dagegen wird die Konzentration der Siedlungstätigkeit auf vorhandene Siedlungen mit guter Infrastruktur postuliert.

Längere Diskussionen gab es darüber, ob die Teilung Deutschlands auch heute noch in den Grundsätzen zu behandeln ist. Man verständigte sich darauf, dass die Teilung eine wichtige Ursache für die Herausforderungen ist, die sich heute zum Beispiel hinsichtlich des wirtschaftlichen Strukturwandels oder der demografischen Entwicklung stellen.

Stärker als bisher stellen die Grundsätze die Erhaltung der Innenstädte als wichtigen Belang heraus. Ein ganz neuer Belang ist der Schutz kritischer Infrastrukturen. Dabei geht es darum, Infrastruktureinrichtungen wie Schienenwege, Bundesautobahnen oder Gasleitungen so zu planen, dass sie bei Terroranschlägen oder Naturkatastrophen möglichst wenig Schaden erleiden. Nicht zu verkennen ist dabei jedoch, dass der neue Belang in einem Spannungsverhältnis zum Bestreben steht, die Inanspruchnahme von

Flächen zu minimieren. Deshalb schließt der neue Belang nicht von vornherein aus, dass auch künftig Schienenwege und Autobahnen parallel verlaufen, wie das zum Beispiel bei der neuen ICE-Strecke zwischen Frankfurt am Main und Köln der Fall ist.

Es gibt keinen besonderen Grundsatz für den ländlichen Raum mehr. Vielmehr wird der ländliche Raum bei den einzelnen Belangen wie Wirtschaft, Kulturlandschaften oder Umwelt/Klimaschutz angesprochen. Dafür hat sich das Bundesministerium für Ernährung, Landwirtschaft und Verbraucherschutz eingesetzt, damit der ländliche Raum jeweils bei diesen wichtigen Aufgabenbereichen beachtet wird.

Einen besonderen Akzent setzen die neuen Grundsätze beim Klimaschutz. Dort werden die verschiedenen Aspekte des Klimaschutzes angesprochen: der Einsatz erneuerbarer Energien, der sparsame Umgang mit Energie, die Bindung klimaschädlicher Stoffe in den sogenannten Senken, die Anpassung an die Klimaveränderung.

Die sichere und umweltverträgliche Energieversorgung gehört dabei nicht zum Klimaschutz, sondern zum Grundsatz Wirtschaft.

Die neuen Grundsätze heben die Bedeutung von Stadt-Land-Partnerschaften und von Verantwortungsgemeinschaften hervor. Es gibt auch einen besonderen Grundsatz zur europäischen Zusammenarbeit. Dadurch soll die EU jedoch keine zusätzlichen Kompetenzen erhalten.

Bei den *Zielen der Raumordnung* bringt das neue Gesetz folgende Änderungen:

Es bleibt bei der bisherigen Definition der Ziele und bei den Regelungen zu ihrer Bindungswirkung. Neu ist jedoch, dass der Gesetzentwurf ausdrücklich Ausnahmen von den Zielen zulässt (§ 6 Absatz 1 des Gesetzentwurfs). Das soll mehr Flexibilität ermöglichen und greift die Rechtsprechung auf. Die Ausnahmen müssen sehr konkret formuliert werden, so dass im Einzelfall klar ist, ob eine Ausnahme greift. Deshalb bedeutet die Zulassung von Ausnahmen nicht, dass das Bundesrecht künftig Soll-Ziele kennt.

Neue Regelungen gibt es auch zur Zielabweichung (§ 6 Absatz 2 des Entwurfs). Die Voraussetzungen für die Zielabweichungen bleiben dabei unverändert. Es bleibt auch dabei, dass die Zielabweichung Gegenstand eines Verfahrens zu sein hat. Nicht länger vorgeschrieben wird dabei jedoch ein besonderes Verfahren, so dass die Zielabweichung nach Bundesrecht auch im Genehmigungsverfahren behandelt werden könnte. Jedoch gilt in besonderer Weise für das Zielabweichungsverfahren, dass der Bund ergänzendes Landesrecht zulässt.

Neu an den *Regelungen über die Raumordnungspläne* ist die Klarstellung, dass die Vorschriften über die Aufstellung von Raumordnungsplänen auch für deren Änderung, Ergänzung und Aufhebung gelten.

Besondere Aufmerksamkeit widmet der Gesetzentwurf der *Umweltprüfung*. Sie wird vollständig im neuen Gesetz geregelt. Damit setzt das Raumordnungsgesetz künftig die Richtlinie zur strategischen Umweltprüfung unmittelbar und vollständig um (vgl. § 9 des Gesetzentwurfs).

Vorbild für dieses Vorgehen ist das Baugesetzbuch. Ziel ist, dass das Raumordnungsgesetz auch hinsichtlich der Umweltprüfung aus sich selbst heraus verständlich ist und dass allein der Raumordnungsgesetzgeber über die Fortentwicklung der Umweltprüfung entscheidet.

Nicht nur in den Grundsätzen, sondern auch in den Vorschriften über die Raumordnung in den Ländern betont das neue Gesetz die *raumordnerische Zusammenarbeit*. Die »Koordinierung durch Kooperation« soll größere Bedeutung erlangen. Deshalb präzisiert § 13 Absatz 1 des Gesetzentwurfs die Verpflichtung zur Zusammenarbeit mit anderen öffentlichen Stellen und mit Privatpersonen. In § 13 Absatz 2 nennt der Gesetzentwurf beispielhaft wichtige Formen der raumordnerischen Zusammenarbeit. Das sind vertragliche Vereinbarungen (auch über Kosten), regionale Entwicklungskonzepte, Netzwerke, Aktionsprogramme sowie die Raumbeobachtung und die Beratung der Fachplanung.

Neu am künftigen Gesetz ist auch, dass es die *Planerhaltung* ausbaut (§ 12 des Gesetzentwurfs). Vorbild ist auch insoweit das Baugesetzbuch. Dabei geht es nicht darum, die Beachtung aller Rechtsvorschriften während des Aufstellungsverfahrens einzuschränken. Vielmehr stellt die Begründung ausdrücklich klar, dass das Recht der Aufsichtsbehörden unberührt bleibt, Fehler während des Aufstellungsverfahrens zu rügen und auf ein korrektes Vorgehen hinzuwirken. Eingeschränkt wird jedoch die nachträgliche Rüge von Fehlern. Das ist wichtig, weil zum Beispiel die immer stärkeren

Anforderungen an die Umweltprüfung die Gefahr von Fehlern erhöhen. Im Einzelnen sollen nach dem Gesetzentwurf unbeachtlich sein oder werden:

- die Verletzung von Verfahrens- und Formvorschriften,
- die Verletzung des Entwicklungsgebots (wonach der Regionalplan aus dem Raumordnungsplan zu entwickeln ist),
- die Unvollständigkeit des Umweltberichts, dessen Lücken noch bis zum Ende des Aufstellungsverfahrens durch eine Ergänzung in der Zusammenfassenden Erklärung geheilt werden können.

Der Gesetzentwurf ermöglicht darüber hinaus, Fehler in einem ergänzenden Verfahren zu beheben, dessen Ergebnisse rückwirkend in Kraft gesetzt werden können.

Wie das geltende Recht sieht auch der Gesetzentwurf die *Untersagung raumbedeutsamer Planungen und Maßnahmen* vor. Die Untersagung ist unbefristet, wenn Ziele der Raumordnung entgegenstehen. Sie ist befristet, wenn ein Raumordnungsplan aufgestellt wird und verhindert werden soll, dass die Planung oder Maßnahme den Zielen des kommenden Raumordnungsplans widersprechen. Bei der befristeten Untersagung soll künftig der Tatsache Rechnung getragen werden können, dass die Aufstellung des Raumordnungsplans teilweise länger dauert. Deshalb bleibt es zwar bei der grundsätzlichen Dauer der Untersagung von zwei Jahren. Jedoch kann die Untersagung um ein Jahr verlängert werden.

Beim *Raumordnungsverfahren* sollen die Regelungen präzisiert werden (vgl. §§ 15, 16 des Entwurfs). Der Gesetzentwurf bestimmt, wann vom Raumordnungsverfahren abgesehen werden kann, nämlich dann, wenn die Raumverträglichkeit anderweitig geprüft wird. Jedoch können die Landesregierungen in Rechtsverordnungen (!) Näheres bestimmen. In § 16 regelt der Gesetzentwurf erstmals die Voraussetzungen und Wirkungen des vereinfachten Verfahrens. Voraussetzung soll sein, dass entweder nur geringe raumbedeutsame Auswirkungen zu erwarten sind oder schon Stellungnahmen aus einem anderen Verfahren vorliegen. Die Wirkung des vereinfachten Verfahrens besteht darin, dass auf die Beteiligung öffentlicher Stellen verzichtet werden kann.

Neue Bestimmungen soll auch der dritte Abschnitt des künftigen Raumordnungsgesetzes über die *Raumordnung im Bund* enthalten.

Festgehalten wird daran, dass der Bund Raumordnungspläne für die deutsche ausschließliche Wirtschaftszone (AWZ) aufstellt. Neu hinzukommen soll, dass der Bund die Grundsätze der Raumordnung konkretisieren kann (§ 17 Absatz 1 des Gesetzentwurfs). Das neue Instrument soll das Instrument der Leitbilder ergänzen. Gedacht ist an die Konkretisierung *einzelner* Grundsätze. Kriterium für das Tätigwerden des Bundes ist, dass es um »die räumliche Entwicklung des Bundesgebietes« geht, nicht um Teilräume. Die neue Regelung soll auch dazu beitragen, dass Deutschland auf europäischer Ebene handlungsfähiger wird. Damit soll abgewehrt werden, dass die EU neue Kompetenzen anstrebt, weil sie in Deutschland Handlungsdefizite sieht. Hintergrund für die neue Regelung sind auch die guten Erfahrungen mit der Territorialen Agenda in Leipzig, in der vor allem der Bund konkrete Aussagen zur Raumordnung formulierte, die allenthalben begrüßt wurden.

Die Form, in der der Bund einzelne Grundsätze konkretisiert, soll ein Raumordnungsplan sein.

Die andere neue Regelung zur Raumordnung im Bund betrifft länderübergreifende Standortkonzepte für See-, Binnen- und Flughäfen. Der Bund soll solche Standortkonzepte als Grundlage für die Bundesverkehrswegeplanung aufstellen können (§ 17 Absatz 2 des Entwurfs).

Ein Beispiel dafür, wann ein solches länderübergreifendes Standortkonzept nach Auffassung des Bundes sinnvoll ist, stellt das Streben vieler Länder dar, Regionalflughäfen auszubauen und vom Bund deren Erschließung mit Bundesverkehrswegen zu fordern. In solchen Fällen zeigt sich hin und wieder, dass die geforderte Erschließung eng beieinander liegender Regionalflughäfen mit Bundesverkehrswegen über das wirtschaftlich vertretbare Maß hinausgeht. In solchen Fällen ist es sinnvoll, dass in einem transparenten und geordneten Verfahren entschieden wird, welche einzelnen Flughäfen in absehbarer Zeit an die Schienenwege des Bundes oder an die Bundesautobahnen angeschlossen werden.

Die Länder haben die angestrebte neue Regelung anfangs sehr kritisch betrachtet. Sie fürchteten insbesondere eine Bindung durch die Zielvorgaben des Bundes. Der Bund hat dem Rechnung getragen, indem er eine Bindung der Standortkonzepte für die Länder ausschließt und die Bindung auf die Bundesverkehrswegeplanung begrenzt.

Die Form, in der der Bund das neue Instrument ausübt, soll ein Raumordnungsplan sein, der als Rechtsverordnung aufgestellt wird.

1.4. Zeitplan für das weitere Gesetzgebungsverfahren

Der Gesetzentwurf des Bundesministeriums für Verkehr, Bau und Stadtentwicklung hat inzwischen die Kabinettreife erreicht. Die Länder und die Verbände wurden dazu gehört. Die Abstimmung innerhalb der Bundesregierung ist abgeschlossen. Der Gesetzentwurf soll deshalb noch vor der Sommerpause 2008 dem Kabinett zur Entscheidung vorgelegt werden. Er wird dann zum Regierungsentwurf, mit dem sich nach der Sommerpause der Bundesrat im ersten Durchgang befasst. Im Herbst sollen dann die parlamentarischen Beratungen im Bundestag folgen. Dort sollen auch die Ergebnisse des Planspiels vorgestellt werden, damit das Parlament die Ergebnisse bei seinen Überlegungen berücksichtigen kann. Noch in diesem Jahr soll sich der Bundesrat danach im zweiten Durchgang über den Gesetzentwurf beraten. Dabei ist neu, dass das Gesetz nicht der Zustimmung des Bundesrates bedarf, sondern ein sogenanntes Einspruchsgesetz darstellt.

Ziel der Bundesregierung ist, dass das neue Gesetz entweder noch in diesem Jahr oder Anfang 2009 verkündet wird.

Aufgrund der Föderalismusreform kann das Gesetz jedoch dann nicht sofort in vollem Umfang in Kraft treten. Vielmehr treten nur die Regelungen sofort in Kraft, die allein für den Bund gelten. Das sind die Bestimmungen des Absatzes 3 über die Raumordnung des Bundes und die Übergangsregelung zur Raumordnung in der AWZ im § 29 Absatz 1 des Gesetzentwurfs.

Alle anderen Vorschriften treten erst sechs Monate nach der Verkündung in Kraft. Damit sollen die Länder – nach den Vorgaben der Föderalismusreform – abweichendes Recht setzen können, noch bevor das Bundesgesetz wirksam wird.

2. Raumordnungsplan für die deutsche ausschließliche Wirtschaftszone (AWZ)

Lassen Sie mich zum Abschluss noch kurz das zweite wichtige Vorhaben des Bundesministeriums für Verkehr, Bau und Stadtentwicklung ansprechen. Das ist die erstmalige Aufstellung eines Raumordnungsplans für die deutsche ausschließliche Wirtschaftszone (AWZ). Die AWZ ist das Meeresgebiet, das seewärts vom Küstenmeer, d. h. jenseits der 12-Seemeilen-Zone, liegt und maximal bis 200 Seemeilen vor die Küste reicht.

Auslöser für den neuen Raumordnungsplan ist, dass sich auch auf dem Meer zunehmend Nutzungskonflikte entwickeln. Anlass dafür gibt insbesondere die anstehende Errichtung von Windenergieanlagen auf hoher See. Diese *Offshore-Windenergienutzung* ist ein wichtiges politisches Ziel der Bundesregierung und Teil ihres Integrierten Energie- und Klimaprogramms. Die neuen flächenintensiven Windenergieparks auf hoher See stehen in Konkurrenz zu anderen raumordnerischen Belangen: dem Meeresumweltschutz, der Schifffahrt, der Fischerei, der Rohstoffgewinnung sowie der Nutzung der Meere für Seekabel und Rohrleitungen. Der neue Raumordnungsplan soll dafür sorgen, dass diese unterschiedlichen Belange in angemessener Weise berücksichtigt werden. Der Bund wird den neuen Raumordnungsplan durch Rechtsverordnung aufstellen. Grundlage dafür ist das geltende Raumordnungsgesetz. Da die Aufstellung des Raumordnungsplans begonnen hat, ist das geltende Recht nach dem Entwurf für das künftige Raumordnungsgesetz auch nach dessen Inkrafttreten anzuwenden.

Der neue Raumordnungsplan für die deutsche ausschließliche Wirtschaftszone in der Nordsee und in der Ostsee hat folgenden *Stand* erreicht: Der Entwurf des Raumordnungsplanes ist erarbeitet und innerhalb der Bundesregierung abgestimmt. Das Gleiche gilt für die umfassenden Umweltberichte, die seiner Aufstellung zugrunde liegen. Deshalb kann nun das Beteiligungsverfahren beginnen. Beteiligt werden: die Anrainerstaaten (Polen, Schweden, Dänemark, Niederlande und Großbritannien), die Bundesländer an der Küste, andere deutsche Behörden, die Öffentlichkeit sowie Verbände.

Sollte das Beteiligungsverfahren zu keinen größeren Änderungen des Planentwurfs führen, so kann der Raumordnungsplan für die AWZ Anfang

2009 in Kraft treten. Käme es zu größeren Änderungen, wäre eine erneute Beteiligungsrunde erforderlich. Dann würde sich das Inkrafttreten wahrscheinlich bis zur Mitte 2009 hinausschieben.

Neue Entwicklungen im Landesplanungsrecht

Ministerialrätin Sabine *Klaßmann-Voß,* Ministerium für Wirtschaft, Mittelstand und Energie des Landes Nordrhein-Westfalen, Düsseldorf

Zum jetzigen Zeitpunkt ist es nur möglich, Ihnen einen Kurz-Überblick über *beabsichtigte* neue Entwicklungen des Landesplanungsrechts zu geben, da wir mit der Novelle des Landesplanungsgesetzes erst am Anfang stehen.

Der Auftrag für die Novellierung des Landesplanungsgesetzes ergibt sich aus der Koalitionsvereinbarung. Diese sieht u.a. vor,

- Möglichkeiten der Deregulierung, Entbürokratisierung und Beschleunigung von Verfahren im Landesplanungsgesetz umzusetzen,
- das Landesentwicklungsprogramm und den Landesentwicklungsplan zu einem Normwerk zusammenzuführen und
- die 1:1 Umsetzung europarechtlicher Vorschriften zu überprüfen.

Auswirkungen der Föderalismusreform

Möglichkeiten zur Deregulierung ergeben sich für das Landesplanungsgesetz auch aus der Föderalismusreform.

Die Gesetzgebungskompetenzen von Bund und Ländern wurden durch das Gesetz zur Änderung des Grundgesetzes vom 28. August 2006 (BGBl. I S. 2034), in Kraft getreten am 1. September 2006, geändert. Die Rahmengesetzgebung, die auch für den Bereich der Raumordnung galt, wurde in die konkurrierende Gesetzgebungsbefugnis überführt (s. Art. 74 Abs. 1 Nr. 31 GG).

Das Raumordnungsgesetz des Bundes (ROG) ist an diese geänderte Verfassungslage anzupassen. Das ROG wird derzeit – wie Ihnen Herr Dr. Preibisch bereits dargestellt hat – novelliert. Die veränderte Verfassungslage hat auch zur Folge, dass nach Inkrafttreten des novellierten ROG dieses unmittelbar gilt und keiner Umsetzung mehr ins Landesrecht bedarf.

Das ROG wurde in enger Abstimmung mit den Ländern erarbeitet; dabei war der Bund bemüht, die bewährten, von Bund und Ländern getragenen

Rahmenregelungen möglichst weitgehend in Vollregelungen zu überführen und den Ländern den erforderlichen Spielraum für ergänzendes Landesrecht zu belassen. Aufgrund der engen Abstimmung zwischen Bund und Ländern und des daraufhin erreichten Konsenses ist es uns möglich, fast parallel an die Bearbeitung des Landesplanungsgesetzes zu gehen. Wir müssen mit keinen »großen bundesrechtlichen Überraschungen« rechnen, wenn auch noch einzelne – wenn auch wenige – Passagen streitig sind, wie z.B. die Regelung in § 17 Abs. 2 ROG, durch die der Bund ermächtigt wird, Raumordnungspläne für das Bundesgebiet mit Festlegungen zu standortübergreifenden Standortkonzepten für See- und Binnenhäfen sowie für Flughäfen als Grundlage für ihre verkehrliche Anbindung im Rahmen der Bundesverkehrswegeplanung aufzustellen.

Es ist daher vorgesehen, das Landesplanungsgesetz eng an das Bundesraumordnungsgesetz anzukoppeln. Aufgrund der Auswirkungen der Föderalismusreform werden wir an vielen Stellen unmittelbar auf das Bundesrecht verweisen können, so dass keine expliziten eigenen Regelungen erforderlich sind. Dies gilt z. B. für die Durchführung der Strategischen Umweltprüfung, der allgemeinen Bestimmungen für die Beteiligungsverfahren, die Planerhaltungs- und Bekanntmachungsregelungen. Auch durch die Verweisung auf das Bundesrecht wird es möglich sein, das Landesplanungsgesetz zu verschlanken und zu straffen.

Herr Dr. Preibisch hat die Zeitplanung für die ROG-Novelle kurz dargestellt; dieser Zeitplan wirkt sich auch auf die Novelle des Landesplanungsgesetzes aus, um die beabsichtigten Verweisungen auf das Raumordnungsgesetz des Bundes zu rechtfertigen.

Das Landesplanungsgesetz wird aber selbstverständlich auch zukünftig die Landesspezifika regeln und somit die landesrechtlichen Zuständigkeiten und Verfahren festlegen. Dies betrifft z.B. Zuständigkeiten für die Regionalplanung. Der Regionalrat und der Braunkohlenausschuss werden weiterhin die Planungskompetenz haben.

Nach der Kommunalwahl im nächsten Jahr erhält darüber hinaus die Verbandsversammlung des Regionalverbandes Ruhr die Planungskompetenz für die Regionalplanung im Verbandsgebiet des Regionalverbandes Ruhr. Diese Regelung ist bereits mit dem Gesetz zur Übertragung der Regionalplanung für die Metropole Ruhr auf den Regionalverband Ruhr vom 05. Juni 2007 verkündet worden und wird am 21. Oktober 2009 in Kraft treten.

Eine weitere landesrechtliche Regelung in diesem Zusammenhang und gleichzeitig ein Beispiel für eine Ergänzung des Bundesrechts wird die Ausgestaltung des Zielabweichungsverfahrens sein. Der Bund hat keine explizite Regelung zum Verfahren getroffen, diese Möglichkeit aber den Ländern eröffnet.

Wir werden daher im Landesplanungsgesetz regeln – wie auch im bisherigen Landesrecht vorgesehen –, dass das Zielabweichungsverfahren als eigenes Verfahren durchzuführen ist und damit z. B. nicht in ein Planfeststellungsverfahren integriert werden kann. Damit wird nochmals verdeutlicht, dass auch die Fachplanungsträger an die übergeordneten landesplanerischen Ziele der Raumordnung gebunden sind und die Landes- und Bezirksplanungsbehörde für diese Verfahren zuständig sind.

Schwerpunkte der Novellierung

Ziel der Landesplanungsgesetznovelle ist neben der Umsetzung der geänderten verfassungsrechtlichen Lage die Deregulierung und Vereinfachung des Gesetzes.

Dazu erhält das Landesplanungsgesetz, untergliedert in einzelne Abschnitte, eine neue Struktur.

Der Auftrag für die Novelle des Landesplanungsgesetzes ergibt sich für uns aber nicht primär aus der Novelle des Raumordnungsgesetzes, sondern aus der Koalitionsvereinbarung, wie oben dargelegt.

Zusammenführung von Landesentwicklungsprogrammgesetz (LEPro) und Landesentwicklungsplan (LEP)

Ein wesentlicher Auftrag, der sich für die Landesplanungsbehörde aus der Koalitionsvereinbarung ergibt, ist die Zusammenführung des LEPro und des Landesentwicklungsplans zu einem Planwerk. Diese Zusammenführung wird auch ihren Niederschlag im Landesplanungsgesetz finden.

Aufgrund des Artikels 83 des Dritten Befristungsgesetzes vom 5. April 2005 wird das LEPro am 31. Dezember 2009 außer Kraft treten. Da das

LEPro wesentliche Zielvorgaben, wie z.B. auch das Ziel zur planerischen Steuerung des großflächigen Einzelhandels, enthält, ist auch diesbezüglich das gesetzgeberische Handeln gefordert. Dabei ist hervorzuheben, dass das LEPro mit seinen materiellen Regelungen bis zur Zusammenführung mit dem LEP weiterhin gültig ist und beachtet werden muss. Mit der Novellierung des Landesplanungsgesetzes wird daher gleichzeitig eine Regelung geschaffen, die festlegt, dass das LEPro bis zum Inkrafttreten eines neuen LEP weiterhin in Kraft bleiben wird. Damit ist ein erster – verfahrensrechtlicher – Schritt zur Zusammenführung von LEP und LEPro getan.

Mit dem neuen Planwerk, das voraussichtlich ein als Rechtsverordnung aufgestellter Landesentwicklungsplan sein wird, werden landesweit Ziele und Grundsätze für die nachfolgenden Planungsebenen vorgegeben. Der LEP wird voraussichtlich u.a. Ziele für acht Sachbereiche festlegen:

- Siedlungsentwicklung
- Großflächiger Einzelhandel
- Industrie- und Gewerbestandorte
- Freiraum und natürliche Lebensgrundlagen
- Kulturlandschaften
- Energie und Klima
- Rohstoffe
- Mobilität und Verkehr, Luftverkehr

Mit der Erarbeitung dieses Planwerks stehen wir aber erst am Anfang. Insofern kann ich Ihnen für die heutige Tagung noch keine konkreten Ausführungen zu den einzelnen Zielvorgaben machen. Zu welchem Zeitpunkt der neue LEP in Kraft treten wird, kann ich Ihnen heute noch nicht definitiv sagen.

Deregulierungsmöglichkeiten

Ein weiterer Schwerpunkt der Landesplanungsgesetznovelle, der sich aus der Koalitionsvereinbarung ergibt, ist es, soweit wie möglich, im Gesetz Deregulierungs- und Entbürokratisierungsmöglichkeiten zu schaffen sowie, soweit möglich, beschleunigte Verfahren einzuführen.

Letzteres betrifft u. a. die Genehmigungsverfahren für Regionalpläne. Diskutiert wird in diesem Zusammenhang die Einführung einer Anzeigepflicht für die Regionalplanung. Diese könnte die bisherigen Genehmigungsverfahren ersetzen. Die Diskussion zu diesem Punkt ist allerdings noch nicht abgeschlossen.

Unter dem Aspekt der Beschleunigung wäre auch die Einführung eines Genehmigungsverfahrens mit Genehmigungsfiktion – ähnlich wie im Baurecht vorgesehen – denkbar. Mit einer solchen Regelung gilt die Genehmigung als erteilt, wenn sie nicht innerhalb einer Frist von z.B. drei Monaten unter Angabe von Gründen abgelehnt wird.

Nach derzeit geltendem Recht ist über Änderungen eines Regionalplanes, die im vereinfachten Verfahren durchgeführt werden, innerhalb einer Frist von sechs Monaten über die Genehmigung zu entscheiden.

Diese Diskussion wird allerdings nur im Zusammenhang mit der Genehmigung von Regionalplänen geführt. Sowohl für die Braunkohlenplanung als auch für den regionalen Flächennutzungsplan, der aufgrund bundesrechtlicher Vorgaben genehmigungspflichtig ist, steht die Einführung einer Anzeigepflicht nicht zur Debatte.

Der Anspruch auf Deregulierung betrifft das Landesplanungsgesetz in Gänze und findet seinen Niederschlag auch darin, dass wir Verfahren und allgemeine Regelungen straffen und zusammenlegen werden. Dies wird daher auch zu einer neuen Struktur und Gliederung des Landesplanungsgesetzes führen.

Überprüfung europarechtlicher Vorgaben (Stichwort: Strategische Umweltprüfung)

Im Rahmen der Überprüfung einer 1:1 Umsetzung europarechtlicher Vorschriften wird auf die bundesrechtliche Regelung zur Durchführung der Umweltprüfung verwiesen, ohne dass aus landesrechtlicher Sicht ein Ergänzungsbedarf gesehen wird. Anders als in der bisherigen landesrechtlichen Regelung wird damit auch die Regelung übernommen, die es ermöglicht, bei geringfügigen Änderungen von Raumordnungsplänen von einer Umweltprüfung abzusehen.

Regionaler Flächennutzungsplan

Noch offen ist der Umgang mit dem Instrument des Regionalen Flächennutzungsplans.

Das Landesplanungsgesetz sieht vor, vier Jahre nach Einführung des Regionalen Flächennutzungsplans die Auswirkungen dieses Instrumentes durch die Landesregierung unter Mitwirkung der kommunalen Spitzenverbände, des Regionalverbandes Ruhr und weiterer Sachverständiger zu überprüfen. Die eingeleitete Evaluierung ist noch nicht abgeschlossen und bleibt abzuwarten. Das Ergebnis der Evaluierung wird entsprechend in den Gesetzentwurf eingearbeitet werden.

Dies war in – in Anbetracht der vorgesehenen Vortragszeit – in Kürze der Überblick zu den aktuellen Entwicklungen im Landesplanungsrecht. Vielen Dank.

Diskussionszusammenfassung

Cornelia *Wellens,* Zentralinstitut für Raumplanung, Münster

Die erste Diskussion wurde von Professor Dr. Wilfried *Erbguth,* Universität Rostock, geleitet und hatte die Berichte über aktuelle Entwicklungen im Raumplanungsrecht von Dr. Wolfgang *Preibisch,* Leiter der Unterabteilung Raumordnung und Baurecht im Bundesministerium für Verkehr, Bau und Stadtentwicklung, Berlin, aus Bundessicht sowie von Frau Ministerialrätin Sabine *Klaßmann-Voß,* Ministerium für Wirtschaft, Mittelstand und Energie des Landes Nordrhein-Westfalen, Düsseldorf, aus Landessicht zum Gegenstand.

Zu Beginn äußerte sich Dr. Martin *Kment,* LL.M., Zentralinstitut für Raumplanung an der Universität Münster, zur Reichweite der Bundeskompetenz kraft Natur der Sache im Bereich der Raumordnung. Es sei zu differenzieren zwischen Gegenständen, bei denen eine bundesrechtliche Regelung zwingend, und solchen, bei denen sie lediglich sachgerecht sei. Schon vor der Föderalismusreform sei die Bundeskompetenz kraft Natur der Sache im Bereich der Raumordnung überschätzt worden. Zudem habe die Föderalismusreform ein neues Kompetenzsystem geschaffen. Daher sei zwar die Regelung der Bundesraumordnung dem Bund kraft Natur der Sache zugewiesen, dies gelte jedoch nicht für die allgemeinen Vorschriften des Raumordnungsgesetzes, die damit auch kein abweichungsfestes Bundesrecht darstellten. Daraufhin betonte *Preibisch* die Zurückhaltung des Bundes in dieser Frage. Eine endgültige Klärung könne nur das *Bundesverfassungsgericht* herbeiführen. Aus Bundessicht stütze sich im Referentenentwurf des Gesetzes zur Neufassung des Raumordnungsgesetzes (im Folgenden: Referentenentwurf) zumindest die Regelung zur Widerspruchsmöglichkeit[1] der Bundesfachplanungsträger gegen Ziele der Raumordnung auf die Kompetenz kraft Natur der Sache mit der Folge, dass die Länder insoweit nicht abweichen und einen Vorrang der Raumordnung vor der Fachplanung des Bundes regeln könnten.

1 § 5 des Referentenentwurfs des Gesetzes zur Neufassung des Raumordnungsgesetzes.

Weiterhin bemerkte *Kment,* die Zurückhaltung des Bundes bei der Regelung des Verfahrensrechts und der Zuständigkeiten liege nicht in den Art.72 ff GG, sondern in den Art.83 ff GG, insbesondere Art.84 GG begründet, da dort eine eigene, umfassendere Abweichungskompetenz der Länder geregelt sei.

Die Vollregelung der Umweltprüfung im Referentenentwurf sah *Kment* insofern kritisch, als Splitterregelungen dem Grundgedanken der Vereinheitlichung im Umweltgesetzbuch widersprächen. Dem begegnete *Preibisch* mit dem Hinweis, die Praxis profitiere von einem aus sich heraus verständlichen, lesbaren und handhabbaren Gesetz. Bezüglich der Vollregelung im Referentenentwurf liege auch der Konsens mit dem Umweltminister vor. Im Baugesetzbuch sei zudem ebenfalls eine Vollregelung enthalten. Diesen Aspekt aufgreifend sprach sich Professor Dr. Hans D. *Jarass,* LL.M., Direktor des Zentralinstituts für Raumplanung, für eine Differenzierung zwischen Gesamt- und Fachplanung hinsichtlich des Umfangs umweltbezogener Regelungen aus. Dass die Raumordnungs- und die Bauleitplanung ihrer Natur nach zusammenfassende Planungen seien, die alle Themenbereiche aufnehmen sollten, spreche beim Baugesetzbuch und beim Raumordnungsgesetz eher als bei Vorschriften zu projektbezogenen Planungen dafür, den Umweltbereich in die Regelungen einzubeziehen. *Erbguth* schloss den Problemkreis mit der Anmerkung, das Raumordnungsgesetz komme, beim Umweltgesetzbuch habe man jedoch noch abzuwarten.

Des Weiteren nahm *Kment* Anstoß an der von *Preibisch* dargestellten Regelung, nach der die Unvollständigkeit des Umweltberichts in der Zusammenfassenden Erklärung geheilt werden könne. *Kment* führte aus, dass die Entscheidung über ein Projekt zu diesem Zeitpunkt bereits gefallen sei und der Umweltbericht seine Funktion als verfahrensbegleitendes Instrument bereits erfüllt habe. *Preibisch* pflichtete dahingehend bei, dass der Umweltbericht nicht fortgeschrieben werden könne. Zum Beispiel bei einem Raumordnungsplan für die Ausschließliche Wirtschaftszone, die einen Raum darstelle, über den man vergleichsweise wenig wisse, könnten jedoch nach Erstellung des Umweltberichts weitere Erkenntnisse gewonnen werden. Falls der Umweltbericht es zunächst beispielsweise offen gelassen habe, ob gewisse Arten vorkommen, weil diese Vorkommen etwa der Zulässigkeit von Windparks nicht entgegenstehen würden, könne man entsprechende nachträgliche Erkenntnisse in der Zusammenfassenden Erklärung ergänzen. Man müsse dabei deutlich machen, dass sich an der Zulässigkeit der Vorhaben nichts ändere.

Im Anschluss erinnerte Prof. Dr. Dr. Wolfgang *Durner,* LL.M., Direktor des Instituts für das Recht der Wasser- und Entsorgungswirtschaft an der Universität Bonn, an die Ziele der Föderalismusreform und kontrastierte sie mit dem Verfahren, in dem der Referentenentwurf erarbeitet worden war. Zunächst stellte *Durner* dar, dass die Föderalismusreform zu einer klareren und für den Wähler transparenteren Abtrennung der Verantwortungsbereiche von Bund und Ländern und zu einer Verschlankung der Gesetzgebungsverfahren durch Abschaffung von Mitwirkungsrechten des Bundesrates hatte führen sollen. Dann warf er die Frage auf, ob das auf enger Abstimmung zwischen Bund und Ländern basierende und auf Konsens ausgerichtete Verfahren zur Erstellung des Referentenentwurfs diese Ziele nicht konterkariere und die Gefahr von Regelungsdefiziten berge. *Preibisch* entgegnete hierzu, durch die Föderalismusreform habe die Situation vermieden werden sollen, dass gar nichts geschehe, falls kein Konsens zwischen Bund und Ländern erzielt werden könne. Dieses Ziel sei erreicht worden, indem der Bund, wenn es nicht zu einer Einigung mit den Ländern komme, eine Regelung erlassen könne und die Länder hiervon abweichen könnten. Auch *Klaßmann-Voß* sprach sich zugunsten des konsensualen Vorgehens bei der Erstellung des Referentenentwurfs aus, da eine abweichende Gesetzgebung einzelner Länder dem Ziel entgegengewirkt hätte, die Raumordnung durch Einheitlichkeit zu stärken und etwa eine Abgabe von Kompetenzen an Fachplanungsträger zu verhindern. Den letztgenannten Aspekt bekräftigte Wolf-Dieter *Dallhammer,* Sächsisches Staatsministerium für Umwelt und Landwirtschaft, Dresden, mit dem Hinweis auf die Vorgaben der Wasserrahmen-Richtlinie und der Hochwasser-Richtlinie, anhand deren er die Überörtlichkeit vieler Fachplanungen verdeutlichte. Außerdem widersprach er der These, die enge Kooperation von Bund und Ländern bei der Erstellung des Referentenentwurfs sei im Bereich der Raumordnung neuartig, indem er auf die Zusammenarbeit verwies, die 1998 im Rahmen der BauROG-Novelle zwischen Bund und Ländern stattgefunden habe.

Einen Schwerpunkt der Diskussion bildeten die Regelungen zur Raumordnungsplanung des Bundes im Referentenentwurf. *Durner* legte zunächst dar, dass es in diesem Bereich nach einhelliger Meinung keine Abweichungsrechte der Länder gebe, und verlieh anschließend der Meinung Ausdruck, die Stärkung der Raumordnung des Bundes – obwohl von der Wissenschaft gefordert und von der Politik gewollt – sei im Referentenentwurf mager ausgefallen. Eine Bindung an die Ziele der Bundesraumordnung werde dem Bund verwehrt, und die Standortkonzepte würden auf wenige Bereiche der bundeswichtigen Infrastruktur beschränkt. Das Bedürfnis nach einer raumordnerischen Abstimmung durch den Bund illustrierte *Durner* an den Entscheidungen des *Oberverwaltungsgerichts Lüneburg*[2] und des *Bundesverwaltungsgerichts*[3] zum Schacht Konrad, wonach im atomrechtlichen Planfeststellungsverfahren für ein atomares Endlager des Bundes eine Standortalternativenprüfung nicht stattzufinden habe, da die Planfeststellungsbehörde nicht über Landesgrenzen hinausschauen könne.

Preibisch verteidigte die Regelung zu den Standortkonzepten,[4] da der Bund auf dieser Grundlage die Forderung der Länder abwehren könne, möglichst alle Regionalflughäfen an das Netz der Bundesverkehrswege anzuschließen, obwohl dadurch aus Bundessicht Überkapazitäten und Haushaltsbelastungen entstehen würden. Andererseits solle durch die Regelung aber nicht verhindert werden, dass ein Land selbst die verkehrliche Anbindung herstelle. Hinsichtlich der im Referentenentwurf enthaltenen Ansätze eigener Raumordnungsplanung befinde sich der Bund in einer Experimentierphase, und es wäre möglich, dass die genannten Regelungen ausgebaut würden, wenn die Länder ihre Vorbehalte abgebaut hätten. Darüber hinaus verwies *Preibisch* auf die Abstimmung mit anderen Ressorts. Für die Stromversorgung mit Überlandleitungen plane der Wirtschaftsminister eine gesetzliche Regelung, während der Umweltminister hinsichtlich der von *Durner* angesprochenen Standortwahl für atomare Endlager aus politischen Gründen nicht tätig werden wolle.

Nach Einschätzung von Professor Dr. Rainer *Danielzyk,* Direktor des Instituts für Landes- und Stadtentwicklungsforschung GmbH, Dortmund, werde es aus fachwissenschaftlicher Sicht mehrheitlich begrüßt, wenn der

---

2 *OVG Lüneburg,* Urt. v. 8.3.2006 – 7 KS 145/02 u.a. –, DVBl 2006, 1044 ff.

3 *BVerwG,* Urt. v. 26.3.2007 – 7 B 72, 73, 74, 75/06 –, NVwZ 2007, 833 ff.

4 § 17 Abs.2 des Referentenentwurfs des Gesetzes zur Neufassung des Raumordnungsgesetzes.

Bund nun auch inhaltlich-planerisch tätig werde. Auf seine Frage nach einem Bundesraumordnungsplan erläuterte *Preibisch,* ein solcher werde für die Ausschließliche Wirtschaftszone aufgestellt. Zudem solle es partielle Raumordnungspläne des Bundes geben. Die Konkretisierung einzelner Grundsätze der Raumordnung nach § 17 Abs.1 des Referentenentwurfs solle in Form eines Raumordnungsplans erfolgen, der keine Zeichnung, sondern nur Text umfasse, und auch die Standortkonzepte nach § 17 Abs.2 des Entwurfs sollten in Raumordnungsplänen enthalten sein.

Demgegenüber sprach sich *Dallhammer* für Regelungen zur Bundesraumordnungsplanung aus, die über § 17 des Entwurfs weit hinausgingen. Er bedauerte, dass die Bundesraumordnungsplanung schon in den sechziger Jahren von den Ländern verhindert worden sei, und sich der Bund in den neunziger Jahren auf Orientierungs- und Handlungsrahmen beschränkt habe. Doch könne und müsse der Bund die Länder in Bereichen wie dem Hochwasserschutz und den Vorgaben der Wasserrahmen-Richtlinie binden, und die Bundesraumordnungsplanung sei dafür das geeignete Instrument. Im Bereich des Wasserrechts, das zukünftig im Umweltgesetzbuch geregelt werden würde, seien die Vorbehalte gegenüber der Abweichungsgesetzgebung im Vergleich zur Raumordnung geringer. Hinsichtlich der Vorteile, die eine Bundesraumordnungsplanung aus fachlicher Sicht habe, stimmte Prof. Dr. Wilhelm *Söfker,* Ministerialdirigent a. D., Bonn, zwar zu, doch gab er zu bedenken, dass man das Gesetzgebungsverfahren zur Neufassung des Raumordnungsgesetzes mit dieser Grundsatzfrage politisch überfrachten würde. Schon die Erstellung des Bundesraumordnungsprogramms im Jahr 1975 habe die Widerstände offenbart, auf die eine eigene Raumordnungsplanung des Bundes bei den Landesplanungsbehörden stoße.

Im Folgenden beschäftigte sich die Diskussion kurz mit dem Regionalen Flächennutzungsplan. Frau Dr. Susan *Grotefels,* Geschäftsführerin des Zentralinstituts für Raumplanung, fragte vor dem Hintergrund der Evaluierung dieses Instruments, die derzeit in Nordrhein-Westfalen durchgeführt werde, nach Überlegungen auf Bundesebene zu seiner Zukunft. *Preibisch* antwortete, es werde den Ländern überlassen, mit welchen Plänen sie arbeiteten. *Klaßmann-Voß* ergänzte, der Referentenentwurf übernehme die Regelung zum Regionalen Flächennutzungsplan aus dem derzeit geltenden Raumordnungsgesetz, so dass es bundesrechtlich keine Änderung gebe, die das Instrument abwandeln oder in Frage stellen würde.

Abschließend lenkte *Grotefels* die Aufmerksamkeit auf solche Regelungen im Landesrecht, die das Bundesrecht wiederholten, und fragte, ob man sie als abweichende Regelungen einzuordnen habe. *Preibisch* erwiderte, die Frage betreffe die Auslegung des Art.31 GG, der zu beachten sei, solange kein abweichendes Landesrecht vorliege. Letztendlich hätten die Verfassungsgerichte zu entscheiden, wie gleichlautendes Landesrecht zu behandeln sei. Den Ländern sei zu empfehlen, in ihren Gesetzen klarzustellen, wenn es sich um gleichlautendes Landesrecht handle. Eine klarstellende Regelung dieser Frage im Referentenentwurf, wie die Länder sie gefordert hatten, sei bewusst unterlassen worden, da es sich um eine Verfassungsfrage handle, die ein Bundesgesetz nicht regeln könne. *Klaßmann-Voß* wies ergänzend darauf hin, dass die Problematik auch für bereits bestehendes Landesrecht relevant sei, das laut Landesgesetzgeber nicht im Widerspruch zum zukünftigen Raumordnungsgesetz stehe.

Raumplanung und Wasserwirtschaft – ein Problemaufriss

Prof. Dr. Dr. Wolfgang *Durner,* LL.M., Direktor des Instituts für das Recht der Wasser- und Entsorgungswirtschaft an der Universität Bonn

1. Neue Vorschriften im Wasserwirtschafts- und Raumordnungsrecht

Anlass, die Wechselwirkungen zwischen Raumplanung und Wasserwirtschaft näher zu untersuchen, ist zunächst eine Reihe neuerer jüngerer Bestimmungen, die einen solchen Bezug ausdrücklich herstellen: Im Bereich der Wasserwirtschaft legt zunächst das Wasserhaushaltsgesetz in seinen Bestimmungen über das Maßnahmenprogramm in der Raumordnungsklausel des § 36 Abs. 1 Satz 2 in klarer, wenn auch rein deklaratorischer Weise fest, dass bei der Aufstellung des für jede Flussgebietseinheit erforderlichen Maßnahmenprogramms die Ziele der Raumordnung zu beachten und die Grundsätze und sonstigen Erfordernisse der Raumordnung zu berücksichtigen sind. Dasselbe gilt nach § 36b Abs. 2 Satz 2 WHG für den Bewirtschaftungsplan. Bei beiden Bestimmungen handelt es sich somit um zwei jener *speziellen Raumordnungsklauseln,* welche die in § 4 Abs. 1 ROG normierten Bindungswirkungen der Erfordernisse der Raumordnung bestätigen und nach § 4 Abs. 5 ROG von der allgemeinen Raumordnungsklausel unberührt bleiben, soweit sie »weitergehende Bindungswirkungen der Erfordernisse der Raumordnung« enthalten. Da dies im Falle der mit § 4 Abs. 1 ROG voll übereinstimmenden § 36 Abs. 1 Satz 2 und § 36b Abs. 2 Satz 2 WHG jedoch nicht der Fall ist, sind beide Vorschriften – wie letztlich wohl alle speziellen Raumordnungsklauseln im geltenden Recht – im Grunde genommen überflüssig[1] und sollen daher im aktuellen Entwurf des Umweltgesetzbuchs entfallen.[2] Die Regelungen unterstreichen jedoch, dass der Gesetzgeber die Inhalte des Maßnahmenprogramms und des Bewirtschaftungsplans mittlerweile in ihrer Bedeutung als »raumbedeutsame Planungen und Maßnahmen« im Sinne von § 3 Nr. 6

---

1 Näher *Wagner,* Die Harmonisierung der Raumordnungsklauseln, 1990, S. 138 ff.; *Runkel,* in: Bielenberg/Runkel/Spannowsky, Raumordnungs- und Landesplanungsrecht des Bundes und der Länder, Kommentar K, § 4 ROG Rdnrn. 264 ff., Stand: VII/1999

2 Vgl. BMU (Hrsg.), Umweltgesetzbuch (UGB). Zweites Buch (II) – Wasserwirtschaft –, Begründung, Stand: 20.05.2008, S. 110.

ROG erkannt und damit die Wechselbeziehungen beider Gebiete anerkannt hat.

Außerdem findet sich in § 36a Abs. 1 Satz 2 WHG der Hinweis, beim Erlass einer Veränderungssperre zur Sicherung von Planungen für bestimmte gemeinnützige wasserwirtschaftliche Vorhaben solle § 14 ROG unberührt bleiben. Der so in Bezug genommene § 14 ROG trifft eine rahmenhafte Vorgabe über die Abstimmung raumbedeutsamer Planungen und Maßnahmen, die eine generalklauselartige *allgemeine Abstimmungspflicht* aller raumbedeutsamen Planungen und Maßnahmen untereinander begründet, welche im Kern bereits aus dem verfassungsrechtlich vorgegebenen Abwägungsgebot folgt.[3] Auch § 36a Abs. 1 Satz 2 WHG ist somit im Wesentlichen eine deklaratorische Vorschrift, welche den Planungscharakter der Veränderungssperre anerkennt und die Wechselwirkungen zwischen Wasserwirtschaft und Raumplanung unterstreicht.

Das Raumordnungsgesetz hat als überfachliches Planungsinstrument von jeher auch wasserwirtschaftliche Belange berücksichtigt, ist aber vor allem durch den Erlass des Hochwasserschutzgesetzes des Bundes aus dem Jahr 2005, das neben der Pflicht zur Ausweisung von Überschwemmungsgebieten zu einer Reihe von Änderungen im Baugesetzbuch und im Raumordnungsgesetz führte, weiter mit dem Wasserrecht verknüpft worden.[4] Die im September 2007 verabschiedete Hochwasserrichtlinie der Europäischen Gemeinschaft[5] dürfte nunmehr die Tragweite dieser Entwicklung nochmals erweitern.[6] Durchweg erfolgte diese Verknüpfung durch die Aufnahme wasserwirtschaftsbezogener *Grundsätze der Raumordnung*: Nach § 2 Abs. 2 Nr. 3 Satz 2 ROG ist es einer der Grundsätze der Raumordnung, Freiräume u.a. auch »in ihrer Bedeutung für den Wasserhaushalt« zu gewährleisten. Nach Nr. 8 Satz 3 sind die Naturgüter, insbesondere Wasser und Boden »sparsam und schonend in Anspruch zu nehmen; Grundwasservorkommen sind zu schützen.« Nach Nr. 8 Satz 6 ist an der Küste und im

---

3 Näher *Durner,* Konflikte räumlicher Planungen, 2005, S. 81 ff. und 331 ff.

4 Näher bereits *Heemeyer,* Auswirkungen des Hochwasserschutzgesetzes auf Raumordnungs- und Bauleitpläne, 2007.

5 Richtlinie 2007/60/EG vom 23. Oktober 2007 über die Bewertung und das Management von Hochwasserrisiken, ABl. Nr. L 288 vom 6.11.2007, S. 27.

6 Vgl. dazu – überwiegend – kritisch *Breuer,* Der Vorschlag für eine EG-Hochwasserrichtlinie, EurUP 2006, 170 ff.

Binnenland für »den vorbeugenden Hochwasserschutz zu sorgen«, namentlich durch Sicherung oder Rückgewinnung von Rückhalteflächen (vgl. auch § 7 Abs. 2 Nr. 2 Buchst. d und Abs. 3 Nr. 5). Diese Art. 20a GG konkretisierenden Grundsätze sind allerdings nach § 4 Abs. 2 ROG nicht wie Raumordnungsziele strikt bindend, sondern lediglich in der Abwägung oder bei der Ermessensausübung nach Maßgabe der dafür geltenden Vorschriften zu berücksichtigen. Sie bilden daher gegebenenfalls auch die Grundlage für die Aufstellung nachfolgender Raumordnungsziele.

2. Vernetzungsbedarf zwischen Raumplanung und Wasserwirtschaft

Als im Wesentlichen deklaratorische, bestehende Bindungen lediglich akzentuierende Bestimmungen mag damit der eigentliche Regelungsgehalt der vorgestellten Bestimmungen begrenzt sein, deutlich tritt in ihnen jedoch ein starkes Bemühen um die Vernetzung beider Rechtsgebiete zum Ausdruck. Dieser *Vernetzungsbedarf* kam ebenso im Jahr 2005 durch die Einrichtung eines Arbeitskreises »Wasser und Raumplanung« der Akademie für Raumforschung und Landesplanung zum Ausdruck, der die Nachfolge eines zuvor bestehenden Ad-hoc-Arbeitskreises »EU-Wasserrahmenrichtlinie (WRRL) und Raumplanung« antrat.[7] Der Arbeitskreis hat in seinen ersten Stellungnahmen vor allem die tatsächliche Bedeutung der Zusammenhänge von Raumordnung und Wasserwirtschaft herausgearbeitet und dabei u.a. auf die »Zunahme von Hochwasserereignissen einerseits und Perioden des Wassermangels andererseits«, die ökologische Orientierung der neueren Wasserpolitik der Gemeinschaft, Abstimmungsprobleme zwischen Wasserwirtschaft und Landwirtschaft sowie den Wandel der Institutionen in der Wasserwirtschaft verwiesen.[8] Wenn hierbei »ein hoher Abstimmungsbedarf zwischen der Wasserwirtschaft, der Raumplanung und anderen raumrelevanten Fachplanungen« diagnostiziert wird,[9] bleibt dieses

7 Dazu *Finke,* Künftige Zusammenarbeit von Wasserwirtschaft und Raumplanung, Positionspapier des Leiters des Ad-hoc-Arbeitskreises »EU-Wasserrahmenrichtlinie (WRRL) und Raumplanung« der ARL, ARL-Nachrichten 2/2003, 1 ff.

8 Vgl. den Bericht über einen Workshop des Arbeitskreises unter http://arl-net.org/index.php?option=com_content&task=view&id=215&Itemid=184.

9 So der Bericht des Arbeitskreises »Koordinations- und Kooperationsbedarf beim Umgang mit der Ressource Wasser« unter http://arl-net.org/index.php?option=com_content&task=view&id=216&Itemid=184.

zentrale Forschungsergebnis des Arbeitskreises jedoch aus rechtlicher Sicht noch sehr allgemein. Zuletzt allerdings hat der Arbeitskreis in einem Workshop, der fast zeitgleich mit dem diesem Band zu Grunde liegenden Symposium stattfand, eine Reihe konkreter Empfehlungen erarbeitet, vor allem in rechtlicher Hinsicht jedoch auch weiterhin bestehende »offene Fragen« identifiziert.[10]

3. Multikausalität wasserwirtschaftlicher Belastungen

Die Tatsache, dass der Gewässerschutz immer großräumigere Perspektiven erfordert und immer stärker auf raumplanerische Maßnahmen setzt, ist vor allem darauf zurückzuführen, dass auch immer mehr das Bewusstsein der *Multikausalität* der wasserbezogenen Belastungen und die Großräumigkeit und Vielfalt der entsprechenden Ursachenzusammenhänge erkannt wird: So sind die anthropogenen Ursachen der Zunahme von Hochwasserereignissen u.a. in der Ausweisung von Siedlungsflächen und anderen baulichen Anlagen in Überschwemmungsgebieten, in der Verringerung der natürlichen Wasserrückhaltefähigkeit des Bodens durch Flächennutzung und in den ebenfalls zum Teil anthropogen verursachten Klimaänderungen zu finden.[11] Im Bereich des Gewässerschutzes treten mittlerweile die Belastungen durch die landwirtschaftliche Behandlung des Bodens durch Düngung und durch den Einsatz von Pflanzenschutzmitteln und Pestiziden[12] ebenso stark in den Vordergrund wie hybride Belastungen der Gewässer durch die Verbreitung bestimmter Produkte. Angesichts der Kompliziertheit der Belastungspfade liegt zwar auf der Hand, dass das Wasserwirtschaftsrecht sehr viel stärker als bisher mit dem Bau- und Fachplanungsrecht, dem Landwirtschaftsrecht, dem Stoff- oder dem Produktrecht verknüpft werden muss. Ein derartiger Abstimmungsbedarf ist zwar als Leitlinie leicht formuliert, aber gleichwohl regelungstechnisch nicht ohne Probleme umzusetzen.

---

10 ARL, Arbeitskreis Wasser und Raumplanung, Diskussionspapier zum Workshop »Wasser und Raumplanung« am 21.05.08 in Hannover, bes. S. 29 f.

11 So Erwägungsgrund 2 der Richtlinie 2007/60/EG (o. Fußn. 5).

12 Dazu *Breuer,* Öffentliches und privates Wasserrecht, 3. Aufl. 2004, Rdnrn. 252 ff.

4. Vernetzungsbedarf auf Grund der Wasserrahmenrichtlinie

Stärker noch als im nationalen Recht tritt die soeben skizzierte Wechselbeziehung von Wasserwirtschaft und Raumordnung in der 2002 in Kraft getretenen Wasserrahmenrichtlinie[13] zu Tage: Der *integrative Ansatz* der Wasserrahmenrichtlinie, also das Ziel einer integrierten Berücksichtigung sämtlicher Belastungen des Gewässers, geht im kompetenzieller wie in sachlicher Hinsicht weit über das herkömmliche Instrumentarium des Wasserwirtschaftsrechts im engeren Sinne hinaus: Spezifisch raumordnerischen Handlungsbedarf begründet die Wasserrahmenrichtlinie zum einen durch ihr Prinzip, dass die Gewässer *flussgebietsbezogen* – also über das gesamte Gewässer mit seinen Zuflüssen und damit Verwaltungsgrenzen überschreitend – zu bewirtschaften sind.[14] Zum anderen führt der *Instrumentenmix* der durch die Richtlinie vorgeschriebenen Maßnahmenplanung unweigerlich zu einer Einbeziehung raumplanerischer Instrumente.[15]

Im Anschluss an die bereits erfolgten Bestandsaufnahmen müssen derzeit bis 2009 Maßnahmenprogramme für die Gewässer aufgestellt werden, die anschließend in den zu erstellenden Bewirtschaftungsplänen nach § 36 WHG umgesetzt werden sollen.[16] Nach der erwähnten Raumordnungsklausel in § 36 Abs. 1 Satz 2 WHG unterliegt die Aufstellung dieser Maßnahmenprogramme einer Bindung an die Ziele der Raumordnung. Diese Vorschrift deutet bereits darauf hin, dass zumindest ein erheblicher

---

13 Richtlinie 2000/60/EG des Europäischen Parlaments und des Rates vom 23. Oktober 2000 zur Schaffung eines Ordnungsrahmens für Maßnahmen der Gemeinschaft im Bereich der Wasserpolitik, ABl. Nr. L 327 vom 22.12.2000, S. 1; allgemein dazu *Hentschel,* Die europäische Wasserrahmenrichtlinie, 2005.

14 Vgl. dazu *Klauer/Rode/Petry,* Flussgebietsmanagement nach EG-Wasserrahmenrichtlinie, 2007; *Solf,* Europäisches Flussgebietsmanagement und deutsche Wasserwirtschaftsverwaltung, 2005; zusammenfassend *Stratenwerth,* in: Rumm/von Keitz/ Schmalholz (Hrsg.), Handbuch der EU-Wasserrahmenrichtlinie, 2. Aufl. 2006, S. 59 ff.

15 *von Keitz/Kraemer,* in: Rumm/von Keitz/ Schmalholz (o. Fußn. 14), S. 343 (349).

16 Näher *Breuer* (o. Fußn. 12), Rdnrn. 610 ff.; *Czychowski/Reinhardt,* WHG, Kommentar, 9. Aufl. 2007, § 36 Rdnr. 4 ff.; *Knopp,* Die Umsetzung der Wasserrahmenrichtlinie auf dem weiteren Weg des wasserrechtlichen Vollzugs in Deutschland, ZUR 2005, 505 (510); *ders.*, in: Sieder/Zeitler/Dahme/Knopp, WHG, § 36 Rdnrn. 5 f. (Stand: Dezember 2004); *Faßbender,* Gemeinschaftsrechtliche Anforderungen an die normative Umsetzung der neuen EG-Wasserrahmenrichtlinie, NVwZ 2001, 241 ff.; *von Keitz,* in: Rumm/von Keitz/Schmalholz (o. Fußn. 14), S. 253 (255 ff.); *Kluge/ Michel,* ebenda, S. 461 ff.

Teil der vorgesehenen Maßnahmen – etwa Renaturalisierungskonzepte oder Schritte zur Einbeziehung der Landwirtschaft – *raumbedeutsam* im Sinne von § 3 Nr. 6 ROG sein wird. Entsprechende Maßnahmen bedürfen daher einer Koordination durch die Raumordnung, insbesondere einer überfachlichen Abwägung wasserwirtschaftlicher mit anderen raumbedeutsamen Zielsetzungen, sind aber auch einer Sicherung in Form raumordnerischer Festsetzungen fähig.

Die Bindung an die Vorgaben der Raumordnung ist damit nur die Kehrseite der Tatsache, dass die Raumordnung ihrerseits auch einen erheblichen Beitrag zur Verwirklichung der Maßnahmenprogramme und damit Umsetzung der Ziele der Wasserrahmenrichtlinie leisten könnte. So könnte die Raumplanung Aussagen der wasserwirtschaftlichen Planungen *gesamtplanerisch sichern.* Gleichzeitig wird aber die Raumordnung auch – ähnlich wie im Fall der Landschaftsplanung – sicherzustellen haben, dass entsprechende Handlungsanweisungen sich über konfligierende Belange nur auf Grund einer legitimierenden Abwägung hinwegsetzen[17] und daher zunächst durch das »Nadelöhr der allseitigen Abwägung aller Raumansprüche« gehen, ehe sie rechtliche Verbindlichkeit erlangen.[18] Dieser Ausgleichsanspruch der Raumordnung stößt freilich dort an europarechtliche Grenzen, wo die im Rahmen der wasserwirtschaftlichen Planungen entwickelten Direktiven auf gemeinschaftlichen Vorgaben beruhen und daher – wie etwa bei den wasserwirtschaftlichen Zielsetzungen – eine Relativierung durch das nationale Recht sich nur noch auf die Art und Weise der Umsetzung erstrecken kann. Insgesamt ist der Einfluss der Raumordnung damit aus Sicht der Wasserwirtschaft janusköpfig. Von daher verwundert es nicht, dass der geforderte »Beitrag der Raumordnung bei der Erstellung des Maßnahmenprogramms« als ein noch klärungsbedürftiger Schritt im Verfahren für das Zustandekommen des Maßnahmenprogramms charakterisiert wird.[19]

---

17 So auch *Oldiges,* in: ders. (Hrsg.), Umweltqualität durch Planung, 2006, S. 115 (119 f.), und *Reese,* ebenda, S. 25 (44).

18 Vgl. zu diesem häufig zitierten Bild und zum Kontext *Durner* (o. Fußn. 3), S. 67.

19 *Knopp,* Umsetzung der Wasserrahmenrichtlinie. Neue Verwaltungsstrukturen und Planungsinstrumente im Gewässerschutzrecht, NVwZ 2003, 275 (279).

5. Nationales sektorales Umweltrecht und integrierter Umweltschutz der EG

Bildet somit die Anerkennung der Multikausalität wasserwirtschaftlicher Belastungen durch das nationale und vor allem durch das europäische Wasserrecht den sachlichen Hintergrund der zunehmenden Wechselwirkungen zwischen Raumplanung und Wasserwirtschaft, so werden diese Wechselwirkungen zusätzlich durch ein *kompetenzrechtliches Grundproblem* geprägt: Das deutsche Umweltrecht ist aus zunächst historischen Gründen, die allerdings durch die bundesstaatlichen Kompetenzkataloge des Grundgesetzes und seiner Vorläufer auch eine verfassungsrechtliche Dimension erhalten haben, ein nach sektoralen Materien gegliedertes Umweltrecht, in dem sich der Bund etwa auf Kompetenztitel für die Erzeugung und Nutzung der Kernenergie zu friedlichen Zwecken (Art. 73 Abs. 1 Nr. 14), die Abfallwirtschaft, die Luftreinhaltung (Art. 74 Abs. 1 Nr. 24), den Naturschutz und die Landschaftspflege (Art. 74 Abs. 1 Nr. 29) oder den Wasserhaushalt (Art. 74 Abs. 1 Nr. 32) stützen kann, aber über keine umfassende oder medienübergreifende Umweltkompetenz verfügt. Ein derart nach Materien gegliedertes Umweltrecht führt dabei vielfach zu fachlichen und kompetenzrechtlichen Trennlinien, die bei natürlicher Betrachtungsweise künstlich erscheinen. Das Paradebeispiel bildete bis zur Föderalismusreform vom September 2006 die in der Praxis kaum tragfähige Unterscheidung der Vollkompetenz des Bundes im Wasserwegerecht und seiner Rahmenkompetenz im Wasserwirtschaftsrecht.[20]

Ganz im Gegensatz zum Bund verfügt die Europäische Gemeinschaft zwar über keine allgemeine Raumordnungskompetenz,[21] wohl aber mit Art. 174 EGV über eine umfassende, Raumordnungsaspekte einschließende Umweltkompetenz,[22] sodass sich ihre Umweltpolitik an keinerlei sektoralen Zuständigkeitsgrenzen orientieren muss. Während das Umweltrecht der Gemeinschaft in seiner frühen ersten Entwicklungsphase dennoch in starker, teilweise sogar wörtlicher Anlehnung an das westdeutsche Umweltrecht und insbesondere an das im Bundes-Immissionsschutzgesetz

20 Eingehend dazu *Breuer* (o. Fußn. 12), Rdnrn. 2 ff.; vgl. auch *BVerfGE* 15, 1 ff. zur Nichtigkeit des »Gesetzes zur Reinhaltung der Bundeswasserstraßen«.

21 Näher *Durner* (o. Fußn. 3), S. 510 ff. m.w.N.

22 Dazu *Kahl,* in: Streinz (Hrsg.), EUV/EGV, Kommentar, 2003, Art. 174 EGV Rdnr. 35 ff.

normierte Anlagenzulassungsrecht konzipiert war,[23] traten in einer zweiten Entwicklungsphase unter anglo-skandinavischem Einfluss[24] die Stärkung des *integrativen* anstelle des sektoralen Umweltschutzes[25] und – als Ausdruck dieses integrierten Ansatzes – die Festsetzung von Umweltqualitätszielen[26] und die Fokussierung auf Verfahren in den Vordergrund.[27] Als Marksteine dieser Entwicklung gelten u.a. die UVP-Richtlinie,[28] die IVU-Richtlinie[29] und die sog. Plan-UVP oder SUP-Richtlinie.[30]

Eine föderale Rechtsordnung, die auf Grundlage eines nach sektoralen und bundesstaatlichen Zuständigkeiten sachlich und räumlich aufgegliederten Umweltrechts Konzepte des integrierten Umweltschutzes umsetzen muss, begegnet jedoch durchweg dem Problem, dass die Umsetzung dieser Vorgaben zu einer Überschreitung räumlicher und fachlicher Grenzen drängt. Dieses Dilemma einer Pflicht zur nationalen Umsetzung ganzheitlicher Vorgaben der Gemeinschaft auf der Grundlage sachlich begrenzter Kompetenzen liegt einer ganzen Reihe von aktuellen Umsetzungsproblemen zu Grunde: Erinnert sei hier an die Schwierigkeiten der Umsetzung der IVU-

---

23 Vgl. etwa noch *Rehbinder,* in: Salzwedel, Grundzüge des Umweltrechts, 1982, S. 102 ff.

24 Näher dazu *Breuer,* NVwZ 1997, 833 f.; *Kloepfer,* NVwZ 2002, 645 (646 f. und 650 ff.) m.w.N.

25 Vgl. dazu etwa *Di Fabio,* Integratives Umweltrecht, NVwZ 1998, 329 ff.; *Schreiber,* Das Regelungsmodell der Genehmigung im integrierten Umweltschutz, 2000, S. 41 ff.; *Wahl,* Materiell-integrative Anforderungen an die Vorhabenzulassung – Anwendung und Umsetzung der IVU-Richtlinie, NVwZ 2000, 502 ff.

26 *Albrecht,* Umweltqualitätsziele, 2007; *Epiney,* in: Barth/Köck (Hrsg.), Qualitätsorientierung im Umweltrecht, 1997, S. 81 ff.; *Köck* (ebenda), S. 121 ff.; *ders.*, Umweltqualitätsziele und Umweltrecht, ZUR 1997, 79 ff.

27 *Hagenah,* Prozeduraler Umweltschutz, 1996; *Schmidt-Aßmann,* in: Müller-Graff (Hrsg.), Perspektiven des Rechts in der Europäischen Union, 1998, S. 131 (133 und 146 ff.); *Schmidt-Aßmann/Ladenburger,* in: Rengeling (Hrsg.), Handbuch zum europäischen und deutschen Umweltrecht, Bd. 1, 2. Aufl. 2003, § 18 Rdnrn. 1 ff.

28 Richtlinie 85/337/EWG des Rates vom 27. Juni 1985 über die Umweltverträglichkeitsprüfung bei bestimmten öffentlichen und privaten Projekten, ABl. Nr. L 175 vom 5.7.1985, S. 40.

29 Richtlinie 96/61/EG des Rates vom 24. September 1996 über die integrierte Vermeidung und Verminderung der Umweltverschmutzung, ABl. Nr. L 257 vom 10.10.1996, S. 26.

30 Richtlinie 2001/42/EG des Europäischen Parlaments und des Rates vom 27. Juni 2001 über die Prüfung der Umweltauswirkungen bestimmter Pläne und Programme, ABl. Nr. L 197 vom 21.7.2001, S. 30.

Richtlinie, die der Bund bereits Ende der 90er Jahre im Rahmen des Umweltgesetzbuches umsetzen wollte,[31] dieses Vorhaben dann aber – offiziell wegen der im letzten Moment erkannten verfassungsrechtlichen Grenzen seiner wasserrechtlichen Gesetzgebungskompetenz – Anfang 2000 zunächst aufgeben musste.[32]

Indes beschränken sich die entsprechenden Umsetzungsprobleme keineswegs auf die Ebene der Gesetzgebung, sondern setzen sich auf der Ebene des Vollzugs fort: Das Problem, dass die Wasserbehörden vor der Schwierigkeit stehen, auf der Grundlage wasserwirtschaftlicher Anordnungsbefugnisse etwa den erwähnten Belastungen der Landwirtschaft und anthropogenen Ursachen der Zunahme von Hochwassern zu begegnen, findet im Bereich des Immissionsschutzes unmittelbare Parallelen: Art. 8 der *Umgebungslärmrichtlinie*[33] sieht für Orte in der Nähe von näher bestimmten Hauptverkehrsadern und Ballungsräumen die Ausarbeitung von Aktionsplänen zur Regelung von Lärmproblemen und gegebenenfalls zur Lärmminderung auf Grundlage strategischer Lärmkarten vor. § 47e Abs. 1 BImSchG hat diese Aufgabe grundsätzlich den Gemeinden oder den nach »Landesrecht zuständigen Behörden« zugewiesen.[34] Die Nachbargemeinde eines Großflughafens etwa steht nunmehr vor der wenig beneidenswerten Aufgabe, nicht nur den einschlägigen Umgebungslärm auf ihrem Gebiet in strategischen Lärmkarten zu erfassen, sondern auch nach § 47d BImSchG Lärmaktionspläne aufzustellen, mit denen Lärmproblemen und Lärmauswirkungen effektiv begegnet werden soll, dies aber wohlgemerkt streng im

---

31 Näher *Kloepfer/Durner,* Der Umweltgesetzbuch-Entwurf der Sachverständigenkommission, DVBl. 1997, 1081 (1083 und 1088 ff.); *Zanetti,* Auf dem Weg zum »Umweltgesetzbuch I« – Zur Umsetzung der IVU- und der UVP-Änderungsrichtlinie, ZUR 1998, 267 ff.

32 Für diese offizielle Lesart *Gramm,* Zur Gesetzgebungskompetenz des Bundes für ein Umweltgesetzbuch, DÖV 1999, 540 ff.; für ausreichende Kompetenzen demgegenüber *Rengeling,* Die Bundeskompetenzen für das Umweltgesetzbuch I, DVBl. 1998, 997 ff.; *Sendler,* Deutsche Schwierigkeiten mit dem EG-Recht, NJW 2000, 2871 ff.

33 Richtlinie 2002/49/EG des Europäischen Parlaments und des Rates vom 25. Juni 2002 über die Bewertung und Bekämpfung von Umgebungslärm, ABl. Nr. L 189 vom 18.7.2002, S. 12.

34 Näher *Scheidler,* Neue Aufgaben für die Gemeinden durch die Neuregelung im BImSchG zur Lärmminderungsplanung, DVBl. 2005, 1344 ff.

Rahmen ihrer eigenen Zuständigkeiten und Befugnisse als Gemeinde.[35] Ähnliche Regelungsmuster weist die Luftqualitätsrahmenrichtlinie auf,[36] die unter Verweis auf die Grenzwerte ihrer Tochterrichtlinien – etwa der Feinstaubrichtlinie[37] – in ihrem Art. 8 Abs. 3 die Ausarbeitung eines Plans oder Programms vorsieht, um den Grenzwert binnen der festgelegten Frist zu erreichen. Daneben sind nach Art. 7 Abs. 3 ggf. Aktionspläne zu erstellen, um durch kurzfristige Maßnahmen die Überschreitungsgefahr zu verringern. Hinter dieser Regelungsphilosophie steht offenbar die Erwartung, dass durch örtliche Maßnahmen auch kurzfristig erhebliche Verbesserungen zu erreichen sind.[38] Dies gilt freilich nur für einen Teil der Luftschadstoffe und auch insoweit nur für einen Teil der Belastungen,[39] so dass auch hier Handlungsauftrag und Handlungsmöglichkeiten deutlich auseinanderklaffen.

6. Gesamtplanung als Transmissionsriemen integrierten Umweltschutzes?

Es wird auch an dieser Unzulänglichkeit der fachrechtlichen Festsetzungs- und Anordnungsbefugnisse bei der Umsetzung integriert-umweltschützender Vorgaben der Gemeinschaft liegen, dass sich der Blick des Gesetzgebers in allen erwähnten Anwendungsgebieten – zumal im Zeichen der Novellierung des Raumordnungsgesetzes – auf die Gesamtplanung richtet. Angesichts der Grenzen des Umweltfachrechts liegt in der Tat die Idee nahe, dass die Raumordnung durch ihre übergreifenden Festsetzungsmöglichkeiten zu einem Vehikel oder *Transmissionsriemen* der Umsetzung europäischer Umweltschutzvorgaben werden könnte. Freilich sind auch die

---

35 Teilweise kritisch zu dieser an der Zufälligkeit der Gemeindegrenzen orientierten Zuständigkeit *Repkewitz,* Probleme der Umsetzung der Umgebungslärmrichtlinie, VBlBW 2006, 409 (414 f.); zustimmend *Jarass,* Bundes-Immissionsschutzgesetz, Kommentar, 7. Aufl. 2007, § 47e Rdnr. 2.

36 Richtlinie 96/62/EG des Rates vom 27. September 1996 über die Beurteilung und die Kontrolle der Luftqualität, ABl. Nr. L 296 vom 21.11.1996, S. 55.

37 Richtlinie 1999/30/EG des Rates vom 22. April 1999 über Grenzwerte für Schwefeldioxid, Stickstoffdioxid und Stickstoffoxide, Partikel und Blei in der Luft, ABl. Nr. L 163 vom 29.6.1999, S. 41.

38 So in der Tat *Sparwasser,* Luftqualitätsplanung zur Einhaltung der EU-Grenzwerte – Vollzugsdefizite und ihre Rechtsfolgen, NVwZ 2006, 369 (371).

39 Vgl. dazu VGH München, NVwZ 2007, 230 (231); BVerwG, NVwZ 2007, 1425 (1426 f.).

Festsetzungs- und Gestaltungsmöglichkeiten der Raumordnung durch ihre Begrenzung auf überfachliche und überörtliche Fragen begrenzt.[40] Dennoch greift die Raumordnung in einigen Anwendungsgebieten weit in den Bereich des Fachrechts aus; dies verdeutlicht bereits § 7 Abs. 1 S. 2 ROG, der nach Maßgabe des Landesplanungsrechts die Aufstellung räumlicher und sachlicher Teilpläne und damit hochstufiger fachlicher Programme ermöglicht, bei denen es sich – ungeachtet ihrer fachlichen Spezialisierung – um einen sachlichen Teilausschnitt der Gesamtplanung handelt.[41] Ob und wieweit die Raumordnung auf diesen Grundlagen jedoch in der Lage ist, zur Problembewältigung im Bereich der Wasserwirtschaft beizutragen, bedarf der weiteren Klärung. Die Auslotung der entsprechenden Möglichkeiten und Grenzen ist eines der Ziele des vorliegenden Bandes.

40 Näher *Durner* (o. Fußn. 3), S. 213 ff.; *Lehners,* Raumordnungsgebiete, 1998, S. 11 f.
41 Näher dazu *Zoubek,* Sektoralisierte Landesplanung, 1983.

Wasserwirtschaft und Raumordnung – Auswirkungen der Wasserrahmenrichtlinie

Rechtsanwalt Ministerialrat a. D.
Dr. Günther-Michael *Knopp,* Landshut

1. Ausgangslage

1.1 Forderung der Wasserrahmenrichtlinie nach stärkerer Integration des Schutzes und der nachhaltigen Bewirtschaftung der Gewässer

Schon im Entstehungsprozeß der Richtlinie 2000/60/EG des Europäischen Parlaments und des Rates zur Schaffung eines Ordnungsrahmens für Maßnahmen der Gemeinschaft im Bereich der Wasserpolitik[1] (Wasserrahmenrichtlinie –WRRL–) wurde die Bedeutung der Raumentwicklung und damit auch der Raumordnung für die Umsetzung dieser Richtlinie erkannt, wenn im Erwägungsgrund 16 und damit als Erläuterung zum Inhalt dieser Richtlinie darauf hingewiesen wird, dass »der Schutz und die nachhaltige Bewirtschaftung von Gewässern stärker in andere politische Maßnahmen der Gemeinschaft integriert werden müssen, so zum Beispiel in die ... Regionalpolitik« und dann hierzu abschließend herausgestellt wird, dass die Wasserrahmenrichtlinie »somit auch einen bedeutenden Beitrag in anderen Bereichen der Zusammenarbeit zwischen den Mitgliedstaaten, unter anderem im Zusammenhang mit dem Europäischen Raumentwicklungskonzept (ESDP)«[2] leistet. Auf diese Bedeutung der Raumordnung bei der Umsetzung der Wasserrahmenrichtlinie ist noch unter 4. zurückzukommen.

---

1 Vom 23.10.2000 (ABl. EG Nr. L 327 vom 22.12.2000, S.1), ergänzt durch die Entscheidung Nr. 2455/2001/EG des Europäischen Parlaments und des Rates vom 20.11.2001 (ABl. EG Nr. L 331 v. 15.12.2001, S.1).

2 Hierzu auch *Krautzberger/Selke,* Auf dem Wege zu einem Europäischen Raumentwicklungskonzept, DÖV 1994, 685; *Koch/Hendler,* Baurecht, Raumordnungs- und Landesplanungsrecht, 3. Aufl., 2001, § 10 Europäische Raumordnung (S. 139 ff). Hierzu auch Fn.33.

1.2 Beachtung der Ziele der Raumordnung und Berücksichtigung der Grundsätze und sonstigen Erfordernisse der Raumordnung bei der Umsetzung der Wasserrahmenrichtlinie in Deutschland

Mit der Festlegung eines Maßnahmenprogramms nach Art. 11 WRRL mit »grundlegenden« und eventuellen »ergänzenden« Maßnahmen, umgesetzt in § 36 Wasserhaushaltsgesetz (WHG)[3], wurde ein »zentralistisch konzipiertes Organisations-, Planungs-, Ausführungs- und Kontrollsystem für die gesamte Wasserwirtschaft in den Mitgliedsstaaten«[4] geschaffen.

§ 36 Abs. 1 Satz 2 WHG legt fest, dass durch Landesrecht bestimmt wird, für jede Flussgebietseinheit nach Maßgabe der Absätze 2 bis 6 ein Maßnahmenprogramm aufzustellen, um die in § 25 a WHG für die nicht als künstlich oder erheblich verändert eingestuften Gewässer, in § 25 b Abs. 1 WHG für die künstlichen und erheblich veränderten Gewässer im Sinne des Absatzes 4, in § 32 c WHG für die Küstengewässer und in § 33 a Abs. 1 WHG für das Grundwasser festgelegten Bewirtschaftungsziele zu erreichen. Dasselbe gilt nach § 36 b Abs. 1 WHG, wonach durch Landesrecht zu bestimmen ist, dass für jede Flussgebietseinheit, damit in Zuordnung zum jeweiligen Maßnahmenprogramm, nach Maßgabe der Absätze 2 bis 4 ein Bewirtschaftungsplan aufgestellt wird.

Um das Zusammenwirken zwischen dem Maßnahmenprogramm als Kernstück des Bewirtschaftungsplans[5] und dem Bewirtschaftungsplan zu verstehen, ist § 36 b Abs. 2 Satz 1 WHG heranzuziehen, wonach eine Zusammenfassung des Maßnahmenprogramms in den jeweiligen Bewirtschaftungsplan aufzunehmen ist. Während das Maßnahmenprogramm die Inkorporation der Maßnahmen zur Erreichung der materiellen Bewirtschaftungsziele ist, stellt der Bewirtschaftungsplan einen eher dokumentarischen und damit nicht gestaltenden Charakter dar.[6] Im Vordergrund des Bewirtschaftungsplans steht damit in erster Linie seine Transparenzfunktion

3 Vom 19.8.2002 (BGBl. I S. 3245), zuletzt geändert durch Art. 2 des Gesetzes vom 10.5.2007 (BGBl. I S.666).

4 *Breuer,* Öffentliches und privates Wasserrecht, 3. Aufl., 2004, Rdnr. 84.

5 *Knopp,* Die Umsetzung der EG-Wasserrahmenrichtlinie aus der Sicht der Länder, ZfW 2003, 10.

6 *Czychowski/Reinhardt,* WHG, 9. Aufl., § 36 Rdnr. 11; *Knopp,* in: Sieder/Zeitler/Dahme/Knopp, WHG, § 36 b Rn.2; so auch *Breuer,* ZfW 2005, 11 ff, zum Verhältnis von Art. 11 WRRL zu Art. 13 WRRL.

hinsichtlich aller Aussagen, die nicht schon im Maßnahmenprogramm enthalten sind, die aber zur Abrundung und zum Verständnis, insbesondere auch in Bezug auf die Öffentlichkeit, aufgrund der hier geschaffenen Gesamtschau dienen.[7] Damit diese Gesamtschau wirksam gewährleistet wird, ist auch unter Anhang VII Teil A Nr. 7 die »Zusammenfassung des Maßnahmenprogramms oder der Maßnahmenprogramme gemäß Artikel 11, einschließlich der Angaben dazu, wie die Ziele gemäß Artikel 4 dadurch zu erreichen sind«, als Teil des Bewirtschaftungsplans aufgeführt.

Bei der Aufstellung des Maßnahmenprogramms und des Bewirtschaftungsplans sind die Ziele der Raumordnung zu beachten, die Grundsätze und sonstigen Erfordernisse sind zu berücksichtigen (§§ 36 Abs. 1 Satz 2, 36 b Abs. 2 Satz 2 WHG). Hierbei handelt es sich um eine deklaratorische Wiederholung raumordnerischer Gebote.[8] Sie wurden nicht mehr in den vom Bundesministerium für Umwelt, Naturschutz und Reaktorsicherheit (BMU) erstellten Entwurf des Umweltgesetzbuchs, Zweites Buch (II) – Wasserwirtschaft – (Stand: 20.5.2008), in die das Maßnahmenprogramm und den Bewirtschaftungsplan regelnden §§ 66 und 67 aufgenommen, da sie mit § 4 Abs. 1 Satz 1 und Abs. 2 Raumordnungsgesetz –ROG–[9] übereinstimmen und daher durch einen Wegfall im Umweltgesetzbuch keine Änderung der Rechtslage erfolgt.

Die Ziele der Raumordnung, die »zu beachten sind«, werden in § 3 Nr. 2 ROG als »verbindliche Vorgaben in Form von räumlichen und sachlich bestimmten oder bestimmbaren, vom Träger der Landes- oder Regionalplanung abschließend abgewogenen textlichen oder zeichnerischen Festlegungen in Raumordnungsplänen zur Entwicklung, Ordnung oder Sicherung des Raumes« definiert. Ziele stellen das letztverbindliche Ergebnis einer landesplanerischen Entscheidung zwischen verschiedenen raumbeanspruchenden Belangen dar, die keiner weiteren Abwägung mehr zugänglich sind.[10] Dies kann aber nur insoweit gelten, als beim Maßnahmenprogramm für die Flussgebietseinheit Flexibilität erforderlich ist, um die Bewirtschaftungsziele, wie sie durch den zwingend vorgegebenen Rahmen

7 *Knopp* (oben Fußn. 5), § 36 b Rdnr. 6.

8 *Breuer* (oben Fußn. 4), Rdnr. 614.

9 Vom 18.8.1997 (BGBl. I S. 2081), zuletzt geändert durch Art. 10 des Gesetzes vom 9.12.2006 (BGBl. I S. 2833).

10 *Schulte,* Ziele der Raumordnung, NVwZ 1999, 942, 944.

der §§ 25 a – 25 d, 32 c und 33 a WHG bestimmt sind, zu erreichen[11] (hierzu noch unter 4.). Hinsichtlich der Berücksichtigungspflicht bei den Grundsätzen und sonstigen Erfordernissen der Raumordnung ist eine Abstimmung zwischen den Belangen möglich, da die Belange der Raumordnung in die planerische Abwägung bei der Formulierung der Maßnahmenprogramme einzubeziehen sind, wobei sie im Einzelfall Abwägungsbelangen, die vom Planungsträger als überwiegend angesehen werden, zu weichen haben.[12]

2. Grundlegende Vorgaben der Wasserrahmenrichtlinie

Mit der Verpflichtung, ein Maßnahmenprogramm gemäß § 36 WHG (in Umsetzung des Art. 11 WRRL) für jede Flussgebietseinheit und Bewirtschaftungspläne (in Umsetzung des Art. 13 WRRL) für die Einzugsgebiete aufzustellen, wird der Weg zur Verwirklichung der Umweltziele (Art. 4 WRRL) vorgeschrieben. Die nächsten auf diesem Weg vorgegebenen Fristen sind bis Dezember 2009 die Aufstellung und Veröffentlichung des jeweiligen Bewirtschaftungsplans mit dem dazu gehörenden Maßnahmenprogramm; bis Dezember 2012 die Umsetzung der Maßnahmen nach Art. 11 Abs. 7 WRRL; bis Dezember 2015 die Erreichung der Qualitätsziele nach Art. 4 WRRL.

Aus der Wasserrahmenrichtlinie ergeben sich die folgenden gemeinschaftsrechtlichen Vorgaben, die als Korsett auch für die Raumordnung bei der Umsetzung der Wasserrahmenrichtlinie von Bedeutung sind.

2.1 Forderung eines kohärenten Gesamtkonzepts für den Bewirtschaftungsplan mit Maßnahmenprogramm

Wenn im 1. Satz des Erwägungsgrunds 14 festzuhalten ist, dass der Erfolg der Wasserrahmenrichtlinie von »kohärenten Maßnahmen auf gemeinschaftlicher, einzelstaatlicher und lokaler Ebene abhängt«, ist die

11 A.A. *Czychowski/Reinhardt* (oben Fußn. 6), § 36 Rdnr.9: Danach können Maßnahmenprogramme die Raumplanungsziele für den von ihnen fachlich abgedeckten Bereich weiter konkretisieren, nicht aber durch weitere raumplanerische Abwägung modifizieren oder gar im Interesse des Gewässerschutzes überwinden.

12 *Knopp* (oben Fußn. 5), § 36 Rdnr. 10.

Entscheidung des europäischen Gerichtshofs (EuGH) vom 21.1.1999[13] heranzuziehen, wonach zur Umsetzung der Richtlinie 76/464/EWG des Rates vom 4.5.1976 betreffend die Verschmutzung infolge der Ableitung bestimmter gefährlicher Stoffe in die Gewässer der Gemeinschaft[14] durch Belgien herausgestellt wird, dass die Mitgliedstaaten »spezifische Programme« aufzustellen haben, die ein kohärentes Gesamtkonzept darstellen, »das den Charakter einer konkreten, gegliederten Planung für das gesamte Hoheitsgebiet hat.« Sie unterscheiden sich daher »sowohl von allgemeinen Sanierungsprogrammen, als auch von einem Komplex punktueller Maßnahmen zur Verringerung der Gewässerverschmutzung.«

Diese Rechtsprechung setzt sich im Urteil des EuGH vom 11.11.1999[15] zum von der Kommission gegen die Bundesrepublik Deutschland eingeleiteten Vertragsverletzungsverfahren fort, wo sowohl ein allgemeines Sanierungsprogramm als auch ein Komplex punktueller Maßnahmen zur Verringerung der Gewässerverschmutzung, die zwar eine Zahl von Vorschriften zum Gewässerschutz enthalten, aber keine Qualitätsziele für einzelne Wasserläufe oder Wasserflächen festlegen, als nicht ausreichend bezeichnet werden.

Die Herausstellung des kohärenten Gesamtkonzepts ist damit eine entscheidende Vorgabe für eine in sich schlüssige Umsetzung der Wasserrahmenrichtlinie in den jeweiligen Flussgebietseinheiten im Sinne des § 1 b Abs. 1 WHG.

2.2 Koordinierung zwischen den Ländern in der Flussgebietseinheit

Nach § 1 b Abs. 2 WHG wird zur Erreichung der im Wasserhaushaltsgesetz festgelegten Bewirtschaftungsziele (§§ 25 a Abs.1, 25 b Abs. 1, 32 c und 33 a WHG) durch Landesrecht die Koordinierung der Bewirtschaftung der Flussgebietseinheiten geregelt. Entsprechende rechtliche und organisatorische Koordinierungsfestlegungen trafen die Landeswasser-

13 Rs C-207/97, Gründe Nr. 40.

14 ABl. EG Nr. L 129 vom 18.5.1976, S. 23; inzwischen ersetzt durch die kodifizierte Fassung der Richtlinie 2006/11/EG des Europäischen Parlaments und des Rates betreffend die Verschmutzung infolge der Ableitung bestimmter gefährlicher Stoffe in die Gewässer der Gemeinschaft vom 15.2.2006 (ABl. EG Nr. 64 vom 4.3.2006, S. 52).

15 Rs. C – 184/97, Slg. 1999, I-7873 = DVBl. 2000, 184.

gesetze. Entscheidend für die Beurteilung, ob die Koordinierungsverpflichtung der Wasserrahmenrichtlinie nach Artikel 3 erfüllt wurde, ist aber nicht der Nachweis bestehender formalisierter und verrechtlichter Koordinierungsstrukturen, sondern das tatsächliche Ergebnis des Koordinierungsbemühens in der Flussgebietseinheit.[16] Um welche Probleme es hier gehen wird, ist unter Nr. 8 des Eckpunktepapiers der Länderarbeitsgemeinschaft Wasser (LAWA) zum Stand und Handlungsbedarf bei der Bewirtschaftungsplanung nach der Wasserrahmenrichtlinie[17] aufgezeigt: »In den meisten Flussgebietseinheiten sind Probleme festgestellt worden, die auf der Ebene einer gesamten Flussgebietseinheit oder eines ganzen Bearbeitungsgebiets (ggf. Teileinzugsgebiets) betrachtet werden müssen. Hierzu zählt in der Regel die Summe flussgebietsweiter diffuser und punktueller stofflicher Einträge, mangelnde Durchgängigkeit oder hydromorphologische Defizite mit flussgebietsweiter Auswirkung in Hauptgewässern. Gerade diese Faktoren können dafür verantwortlich sein, dass der gute Zustand in einer Flussgebietseinheit insgesamt oder auch in einzelnen Wasserkörpern nicht erreicht werden kann.«

2.3 Aufnahme von kosteneffizientesten Kombinationen von Maßnahmen in das Maßnahmenprogramm

In das Maßnahmenprogramm nach Art. 11 WRRL sind, worauf die Wirtschaftliche Analyse in Anhang III Buchst b WRRL hinweist, »die in Bezug auf die Wassernutzung kosteneffizientesten Kombinationen« von Maßnahmen aufzunehmen.[18] In Art. 4 WRRL, umgesetzt in den Ausnahmetatbeständen des § 25 d WHG für oberirdische Gewässer, der für Küstengewässer nach § 32 c WHG und für Grundwasser nach § 33 a

16 *Stratenwerth,* Bewirtschaftung nationaler und internationaler Flussgebiete, in: Rumm/von Keitz/Schmalholz (Hrsg.), Handbuch der EU-Wasserrahmenrichtlinie, 2. Aufl., 2006, S. 59, 67; *Solf,* Europäisches Flussgebietsmanagement und deutsche Wasserwirtschaftsverwaltung, 2006, S. 138.

17 Beschluss der 130. LAWA-Vollversammlung am 29./30.3.2006, Tagesordnungspunkt 5.1a.

18 Im Auftrag des Bundes wurde für Deutschland Anfang 2004 im Rahmen eines Forschungsvorhabens ein Handbuch (*Interwies u.a.,* 2003: Grundlagen für die Auswahl der kosteneffizientesten Maßnahmenkombinationen zur Aufnahme in das Maßnahmenprogramm nach Artikel 11 der Wasserrahmenrichtlinie. Forschungsbericht, UfaPlan-FKZ 202 21 210. Erschienen in der Reihe UBA-Texte 02/04 (deutsch)) vorgelegt, das eine Vorgehensweise für diesen Auswahlprozess vorschlägt.

Abs. 4 S. 2 WHG entsprechend gilt, findet sich eine Reihe von Ausnahmen hinsichtlich ökologischer Zielsetzungen, deren Anwendbarkeit teilweise mit Hilfe ökonomischer Überlegungen zu beurteilen ist.[19] Die jeweils kosteneffizientesten Maßnahmen flussgebietsweit zu erkennen und flussgebietsweit zu koordinieren und somit eine abgestimmte Bewirtschaftung der Gewässer insgesamt, gegebenenfalls aber auch einzelner Wasserkörper, zu erreichen, ist mitentscheidend für den Erfolg der Umsetzung der Wasserrahmenrichtlinie. Aus dieser Betrachtung heraus sind die Prioritäten so zu setzen, dass mit den für die Wasserkörper konkretisierten Planungen vorrangig diejenigen Maßnahmen durchgeführt werden, mit denen kosteneffizient der größte Nutzen im Sinne der Erreichung der Umweltziele der Wasserrahmenrichtlinie ermöglicht wird.[20]

2.4 Ausnahmen nach der Wasserrahmenrichtlinie wegen tatsächlicher Unmöglichkeit oder Unverhältnismäßigkeit von Maßnahmen

Soweit Maßnahmen nicht durchführbar sind, wie zum Beispiel, wenn vorhandene Nutzungen gemäß Artikel 4 Abs. 3 Buchst. a WRRL, umgesetzt in § 25 d WHG, nicht mehr zurückgenommen werden können oder die notwendigen Maßnahmen technisch nicht durchführbar oder unverhältnismäßig teuer sind, werden die Gewässer als erheblich verändert eingestuft oder Fristverlängerungen in Anspruch zu nehmen sein bzw. weniger strenge Umweltziele gesetzt werden müssen. Jede inhaltliche oder zeitliche Abweichung vom Ziel der Erreichung des »guten Zustands« bzw. des »guten ökologischen Potentials« (§§ 25 a, 25 b WHG) bis zum Jahr 2015 bedarf der Begründung der tatsächlichen Unmöglichkeit bzw. der Unverhältnismäßigkeit. Die Gründe, die zur Beanspruchung solcher Ausnahmen führen, müssen transparent gegenüber der Öffentlichkeit und der EU-Kommission dargestellt und, soweit wasserkörperübergreifende Auswirkungen zu erwarten sind, abgestimmt werden (Nr. 7 des Eckpunktepapiers der LAWA zum Stand und Handlungsbedarf bei der Bewirtschaftungsplanung nach der Wasserrahmenrichtlinie[21]). Neu ist mit der Umsetzung der WRRL, dass sich jetzt die Wasserbehörden dafür rechtfertigen müssen,

19 Siehe oben Fußn. 16, *Michel/Quadflieg/Rathje,* Praxis der Wirtschaftlichen Analyse, S. 381, 391.

20 Siehe oben Fußn. 17, Nr. 6 des Beschlusses.

21 Siehe oben Fußn. 17, Nr. 7 des Beschlusses.

wenn gute ökologische Gewässerzustände noch nicht oder auch auf Dauer nicht erreicht werden können.[22]

3. Das Zusammenwirken von Wasserwirtschaft und Raumordnung an Hand der durch die Wasserrahmenrichtlinie veranlassten Gestaltungen

3.1 Ausgangspunkt

Ausgangspunkt für das Zusammenwirken von Wasserwirtschaft und Raumordnung ist der Grundsatz, dass die Raumplanung mit ihrem integrierten Ansatz sicherzustellen hat, dass auch der Bewirtschaftungsplan mit Maßnahmenprogramm nach der Wasserrahmenrichtlinie – als Ergebnisse wasserwirtschaftlicher Planungen – durch das »Nadelöhr der allseitigen Abwägung aller Raumansprüche« gehen muss.[23] Die Ausgestaltung hierzu im Einzelnen ist allerdings im Rahmen des Zustandekommens des Bewirtschaftungsplans mit Maßnahmenprogramm noch klärungsbedürftig.[24]

Dass die wasserwirtschaftliche Gestaltung im Rahmen der Wasserrahmenrichtlinie der Einbeziehung der Raumplanung bedarf, wurde auch von der Wasserwirtschaftsverwaltung erkannt. Dies macht schon folgendes Beispiel deutlich: Die zunehmende Ausdehnung der Siedlungsflächen, die mit einer Zunahme der versiegelten Bodenfläche einher geht, begünstigt durch die damit verursachte Beschleunigung des Abflusses das Entstehen von Hochwasser. Gleichzeitig bewirkt die Ausdehnung der Bebauung auch in den Flussauen eine Reduktion der ökologischen Funktionsfähigkeit der Gewässer. Mit den Instrumenten der Raumordnung können hier Konfliktpotenziale zwischen den Zielen der Flächennutzung und der Bewirtschaftungsplanung nach der Wasserrahmenrichtlinie minimiert werden.[25]

---

22 *Salzwedel/Scherer-Leydecker,* Wasserrecht, in: Hansmann/Sellner (Hrsg.), Grundzüge des Umweltrechts, 2007, S. 559.

23 *Durner,* Konflikte räumlicher Planungen, 2005, S. 67.

24 *Knopp,* Umsetzung der Wasserrahmenrichtlinie. Neue Strukturen und Planungsinstrumente im Gewässerschutzrecht, NVwZ 2003, 275, 279.

25 Vgl. oben Fußn. 16, *von Keitz/Kraemer,* Kurz- und langfristige Handlungsoptionen bedeutsamer Akteure, S. 343, 349.

3.2 Erkennung von Konfliktsituationen bei der Koordinierung in den Flussgebietseinheiten und ihre Lösung

3.2.1 Das LAWA-Arbeitspapier zur Koordinierung innerhalb von Flussgebietseinheiten vom 14./15.3.2002

Die LAWA war sich bewusst, dass in Einzelfällen die Koordinierung in den Flussgebietseinheiten zu Schwierigkeiten führen kann. Es ging daher darum, dass Konflikte zwischen den Ländern rechtzeitig erkannt und gelöst werden. Hierzu liegt das »Arbeitspapier zur Koordinierung innerhalb von Flussgebietseinheiten (Artikel 3 Wasserrahmenrichtlinie)« der LAWA[26] vor. Bei den zu beachtenden Vorgaben wurde darauf hingewiesen, dass das spätere Konfliktpotenzial um so geringer ist, je präziser die Vorgaben auf der Ebene der gesamten Flussgebietseinheit sind. Insbesondere wurde im Arbeitspapier beim Abgleich des Flussgebietsplans mit überregionalen Zielsetzungen darauf hingewiesen, dass sich ein besonderer Koordinierungsbedarf ergeben wird, wenn sich herausstellt, dass durch die Summe der vorgeschlagenen Einzelmaßnahmen die Erreichung des guten Zustands im gesamten Flusseinzugsgebiet nicht möglich ist und unter Effizienzgesichtspunkten bei einzelnen im Interesse aller nachgebessert werden muss.

Weiter wurde in diesem LAWA-Arbeitspapier herausgestellt, dass eine besondere Herausforderung für die Koordination Fälle sein werden, in denen sich aufgrund von Kostenwirksamkeitsbetrachtungen »in einer Gemeinde, einem Land, einem Staat ein bestimmter Handlungsbedarf ergibt (z.B. zur Verringerung des Phosphor-Eintrags in die Gewässer durch Erosionsbekämpfung in der Landwirtschaft), weil dort der Beitrag zur Reduzierung einer Belastung wirtschaftlicher zu erreichen ist, als mit einem anderen, z.B. weiterer Ausbau einer oder mehrerer Kläranlagen über die bestehenden Anforderungen hinaus.«

3.2.2 Bewertung aus raumwissenschaftlicher Perspektive

Die künftige Zusammenarbeit von Wasserwirtschaft und Raumordnung war auch Gegenstand der Arbeit eines Ad-hoc-Arbeitskreises »EU-Wasserrahmenrichtlinie (WRRL) und Raumplanung« der Akademie für Raumordnung (ARL). Der Leiter des Ad-hoc-Arbeitskreises, Prof. Dr. Lothar

---

26 Beschluss der LAWA-Vollversammlung am 14./15.3.2002, Tagesordnungspunkt 3.1.3.

Finke, führt im Anschluss an die Sitzung vom 24.9.2002 in den Empfehlungen an das Präsidium der ARL[27] aus, dass

> »von erheblichem Interesse aus der Sicht der Raumplanung die Frage ist, ob es einen Sinn macht, sowohl in den Landesplanungsgesetzen als auch in den Landeswassergesetzen festzuschreiben, dass für die Erstellung der jeweiligen räumlichen Gesamtpläne ein wasserwirtschaftlicher Fachbeitrag zu erstellen ist. Auch diese Frage dürfte sich am besten an konkreten Beispielen bearbeiten lassen, wobei dann insbesondere auch der Problematik nachgegangen werden könnte, die sich automatisch daraus ergibt, dass die räumliche Gebietskulisse eines Landesentwicklungs- oder eines Regionalplans in aller Regel nicht mit dem Raum eines Flusseinzugsgebiets übereinstimmt.«

Zutreffend folgert Finke daraus, dass sich gerade aus dieser Problematik ein ganz neuer und vermutlich schwieriger Abstimmungsbedarf zwischen der sektoralen Fachplanung und der räumlichen Gesamtplanung ergeben wird.

Moss[28] weist in dem Zusammenhang auf den Interviewbeitrag eines Vertreters des Brandenburgischen Umweltministeriums hin, dass, wenn Maßnahmen erkannt werden, deren Umsetzung in einem Land sinnvoll sind, das eigentlich nicht den Vorteil hat, dieses Land dann natürlich sehr genau darauf schauen wird, dass das vorteilziehende Land sich entsprechend finanziell beteiligt. Er folgert daraus, was naheliegend ist, dass, wenn solche Konfliktpotenziale nicht rechtzeitig thematisiert werden, nicht nur die Suche nach den kostenwirksamsten Maßnahmen, sondern auch die nach dauerhaften Lösungen für die ungleichen Belastungen von Ober- und Unterliegern an Gewässern zu scheitern droht.

---

27 ARL-Nachrichten 2003, Heft 2, Künftige Zusammenarbeit von Wasserwirtschaft und Raumplanung, Positionspapier des Leiters des Ad-hoc-Arbeitskreises »EU-Wasserrahmenrichtlinie (WRRL) und Raumplanung« der ARL, S. 1, 4/5. Hierzu auch der Beitrag von *Finke* in: Moss (Hrsg.), Das Flussgebiet als Handlungsraum. Institutionenwandel durch die EU-Wasserrahmenrichtlinie aus raumwissenschaftlicher Perspektive, 2004, 321 ff.

28 *Moss,* Induzierter Institutionenwandel – von oben – und die Anpassungsfähigkeit regionaler Institutionen. Zum Umsetzung der EU-Wasserrahmenrichtlinie in Deutschland, oben Fußn. 26, S. 129, 166.

Dabei geht es hier auch an Stelle der Verdrängung einer sinnvollen und dauerhaften Lösung um die Umsetzung des Vorsorgeprinzips, wenn nach der Risikobewertung der begründete Anlass zu der Besorgnis besteht, dass die möglicherweise gefährlichen Folgen für die Umwelt mit dem hohen Schutzniveau für die Umwelt insgesamt im Sinne des § 1 a Abs. 1 Satz 3 WHG unvereinbar sein können.[29] Gerade die Raumordnung gibt aber nicht nur die Impulse für den Schutz der Lebensgüter, sondern dient zugleich der Vorsorge.

3.3 Maßnahmenkataloge der Wasserwirtschaftsverwaltung

An solchen Fragestellungen hat sich bis heute wenig geändert. Neu ist lediglich, dass sich die deutsche Wasserwirtschaftsverwaltung großenteils bei den wasserwirtschaftlichen Maßnahmen an Maßnahmenkatalogen (toolboxes) mit möglichen und sinnvollen Maßnahmen, zum Beispiel zur Reduktion von Phosphor- und Stickstoffeinträgen oder zur Stärkung der Hydromorphologie, unter Berücksichtigung bestehender und einsetzbarer Fördermittel und damit einer Erreichung der Kosteneffizienz orientieren kann[30], aus denen dann gebietsspezifische Maßnahmenkataloge entwickelt werden können.

4. Schaffung einer Koordinierungsgrundlage im Raumordnungsgesetz aus wasserwirtschaftlicher Sicht

4.1 Beispiel für einen Konfliktfall

Schon die Ausführungen unter 3.1 und 3.2 zeigen auf, dass die unter 3.3 angesprochenen Maßnahmenkataloge einen Teil der Konfliktbereiche nicht erfassen können und es einer Einbeziehung der Raumplanung bedarf.

Folgender Sachverhalt soll dies deutlich machen:

Im Bereich eines Bundeslandes wird von einer Kraftwerksgesellschaft die Errichtung eines Wasserkraftwerks in Verbindung mit der bereits von der

---

29 Hierzu die Mitteilung der Kommission über die »Anwendbarkeit des Vorsorgeprinzips« vom 2.2.2000 (KOM 2000) (NVwZ-Beilage Nr. IV/2001 zu Heft 4/2001).

30 Hierzu *Jedlitschka/Schmedtje,* Maßnahmenprogramm nach Wasserrahmenrichtlinie. Erste Überlegungen in Bayern, Wasser und Abfall 2006, Heft 5, S. 10, 12 ff.

Bundeswasserstraßenverwaltung an dieser Stelle zum Zweck der Schifffahrt gebauten Wehranlage mit Schleuse beantragt. Durch das beantragte Vorhaben werden sich die Strömungsverhältnisse im Gewässer so verändern, dass die Durchgängigkeit für die Fischfauna mit Inbetriebnahme der Kraftwerksanlage erheblich beeinträchtigt wird. Im Zuge des wasserrechtlichen Planfeststellungs- und Bewilligungsverfahrens wurde zwar von dem Bundesland, in dem das Kraftwerk errichtet werden soll, zum gestellten Antrag die nach der Verwaltungsvereinbarung der Länder in der Flussgebietseinheit für die Flussgebietsgemeinschaft geschaffene Koordinierungsgruppe der Länder eingeschaltet. Aufgabe der Flussgebietsgemeinschaft ist u.a. die Koordinierung der fachlichen Umsetzung der Wasserrahmenrichtlinie auf der Grundlage des noch zu erstellenden Flussgebietsplans und weiterer Vorgaben des Flussgebietsrats (die Wasserwirtschaftsabteilungsleiter der Ministerien/Senatsverwaltungen der Länder in der Flussgebietseinheit). Wenn die Koordinierungsgruppe der Länder, die von einer Geschäftsstelle unterstützt wird, keine Entscheidung treffen konnte, ist der Beschluss des Flussgebietsrats zur Lösung des Konflikts herbeizuführen. Kommt es hier zu keiner Einigung, liegt die Entscheidung bei der Flussgebiets-Ministerkonferenz, die auf Antrag eines Vertragspartners einberufen wird. Nach der Verwaltungsvereinbarung »soll durch die Koordinierung und Abstimmung der einzelnen Aufgaben sichergestellt werden, dass in der Flussgebietseinheit … eine geeignete Bewirtschaftungs- und Maßnahmenplanung stattfindet, um die in den wasserrechtlichen Vorschriften festgelegten Bewirtschaftungsziele zu erreichen.« Die Organe der Flussgebietseinheit fassen ihre Beschlüsse einstimmig.

Von dem Land, in dem das Kraftwerk errichtet werden soll, wurde eine gemeinsame Stellungnahme der Koordinierungsgruppe der Länder, die Standards für die Maßnahmenplanung in der Flussgebietseinheit zu einer Funktions- und Effizienzkontrolle der fischökologisch relevanten Gesichtspunkte enthält, als Kompromißlösung abgelehnt. Die vorgegebene Einstimmigkeit eines Beschlusses im Sinne der Koordinierung wurde in den weiteren Koordinierungsinstanzen nicht verfolgt.

Im Erörterungstermin des wasserrechtlichen Verfahrens wird vom für die Belange der Fischfauna zuständigen Landesamt des Nachbarlandes (Oberlieger) darauf hingewiesen, dass das Nachbarland die Verbesserung der Durchgängigkeit des Gewässers für Wanderfische (entsprechend den

Vorgaben der Wasserrahmenrichtlinie) im Bereich oberhalb des geplanten Kraftwerks mit entsprechenden zur Verfügung gestellten finanziellen Mitteln beabsichtigt. Der wasserrechtliche Bescheid wurde ohne die erforderlichen technischen Einrichtungen für die notwendige Durchgängigkeit zur Fischwanderung erlassen.

4.2 Ergänzung des Raumordnungsgesetzes

Die räumliche Gesamtplanung kann zwar die unterschiedlichen Fachplanungen im Zusammenhang mit den umweltrechtlichen Teilmaterien nicht ersetzen, ist aber als übergeordnete, überfachliche, überörtliche und zusammenfassende Querschnittsplanung geeignet, zum Abbau der Koordinationsdefizite zwischen den einzelnen, organisatorisch zersplitterten Fachplanungen beizutragen.[31]

Die Umsetzung der Wasserrahmenrichtlinie, insbesondere bei internationalen Flussgebietseinheiten, weist auf eine neue Dimension für die Raumplanung hin (vgl. hierzu unter 1.2), die verstärkt die Entwicklung zu einem Europäischen Planungsrecht – ungeachtet bislang fehlender (spezieller) Kompetenzen der Gemeinschaft bzw. Union auf dem Gebiet der Raumordnung – und Modifizierungen des nationalen Verhältnisses von Gesamtplanungen und Fachplanungen nach sich ziehen wird.[32] Es geht nicht mehr allein um Raumgestaltungen in Flussgebietseinheiten innerhalb der Grenzen von Staaten bzw. Bundesländern.

Entsprechend dem Befund »Wasser kennt keine Grenzen.« sind Flussgebietseinheiten auch von wasserwirtschaftlichen Fragestellungen geprägt, die zu grenzüberschreitenden Konfliktbewältigungen führen.

---

31 *Kloepfer,* Umweltrecht, 3. Aufl., 2004, S. 750, unter Bezugnahme auf das Rechtsgutachten des Bundesverfassungsgerichts über die Zuständigkeit des Bundes zum Erlass eines Baugesetzes, BVerfGE 3, 407, 427; *Hoppe/Beckmann/Kauch,* Umweltrecht, 2. Aufl., 2000, § 7 Rn. 44; *Ernst/Hoppe,* Das öffentliche Bau- und Bodenrecht, Raumplanungsrecht, 1978, S. 3, Rn. 1.

32 *Erbguth,* Zum System der Fachplanungen, in: Planung. Festschrift für Werner Hoppe zum 70. Geburtstag, 2000, S. 632, 633, unter Bezugnahme auf *Wahl,* Europäisches Planungsrecht – Europäisierung des deutschen Planungsrechts in Europa, in: Grupp/Ronellenfitsch, Planung – Recht – Rechtsschutz, Festschrift für Blümel zum 70. Geburtstag, 1999, S. 617, 619 ff.

Hierfür wird auf der Ebene der Europäischen Gemeinschaft das Europäische Raumentwicklungskonzept[33] einschließlich der Strukturförderung fortentwickelt werden müssen. Dies gilt damit für staatenübergreifende Gestaltungsnotwendigkeiten, wo das europäische Raumordnungsrecht zwar vorrangig eine Integration des Wirtschaftsraums ist, wo aber auch Kriterien der Umweltqualität zunehmend Bedeutung bekommen.[34] In dem Zusammenhang weist Rengeling[35] darauf hin zu überlegen, ob allgemeine Kategorien zur Erfassung und rechtlichen Bewältigung der Pläne, wie sie insbesondere auch in Deutschland in ausgeprägter Form entwickelt wurden, für den insoweit defizitären Bereich des europäischen Rechts nutzbar gemacht werden können.

Die Fortentwicklung ist aber auch beim Raumordnungsgesetz für bundesländerübergreifende Gestaltungsnotwendigkeiten, wie bei dem unter 4.1 aufgezeigten Konfliktfall, wo es zu keiner länderübergreifenden Gestaltung der Gewässerdurchgängigkeit für die Fischbiologie auf der Grundlage dafür geeigneter Standards kam, erforderlich. Die Koordinierung in Flussgebietseinheiten ist nicht deckungsgleich mit dem aufeinander Abstimmen nach § 8 Abs. 2 ROG von Raumordnungsplänen benachbarter Länder bzw. von Regionalplänen benachbarter Planungsräume (§ 9 Abs. 3 ROG). Das Raumordnungsgesetz müsste deshalb durch die Abstimmung der Entwürfe von Bewirtschaftungsplänen und Maßnahmenprogrammen durch die betroffenen Länder in der Flussgebietseinheit bzw. einem Teileinzugsgebiet ergänzt werden. Gegenstand der Abstimmung sind dabei auch beantragte Einzelvorhaben, die länderübergreifend Auswirkungen auf die Erstellung des Bewirtschaftungsplans mit dem dazu gehörenden Maßnahmenprogramm haben. Nachdem es zur entsprechenden Ergänzung des Raumordnungsgesetzes keine Alternative gibt, ist damit ausnahmsweise[36] die

33 Hierzu *Jarass,* Wirkungen des EG-Rechts in den Bereichen der Raumordnung und des Städtebaus, DÖV 1999, 661, 665. Weiteres zum Europäischen Raumentwicklungskonzept (Bundestag-Drucks. 14/1388) unter 2.

34 *Hoppe/Deutsch,* Umweltschutz und Raumordnung sowie Bodennutzung, in: Rengeling (Hrsg.), Handbuch zum europäischen und deutschen Umweltrecht, 2. Aufl., 2003, Band II, 2. Teilband, S. 1591, 1603.

35 *Rengeling,* Europäische Planungen und Aspekte eines europäischen Planungsrechts, in: Festschrift für Werner Hoppe zum 70. Geburtstag, 2000, S. 883, 895.

36 *Durner,* oben Fußn. 23, S. 256.

Möglichkeit der Substitution von Fachplanung durch den Raumordnungsplan zuzulassen.

Wasserwirtschaft und Raumordnung

– Vernetzung von Fach- und Gesamtplanung durch territoriale Governance –

Professor Dr. Jens *Kersten,* Universität Bayreuth

A. Einleitung

Die Wechselwirkung zwischen Wasserwirtschaft und Raumordnung variiert ein klassisches, wenn nicht sogar ein »ewiges Thema«[1]: das Verhältnis von Fach- und Gesamtplanung. Seit der Entwicklung der Idee überörtlicher Planung im Ruhrgebiet, in Berlin sowie in den mitteldeutschen Industriezentren um 1910 steht die Raumplanung vor diesem Problem, ohne es endgültig gelöst zu haben.[2] Doch dies spricht nicht gegen die räumliche Planung, sondern unterstreicht nur deren historische Relativität. Das praktische Planungsverständnis entwickelt sich eher geschichtlich, als dass es sich aus einer zeitübergreifenden Idee ableiten ließe.[3] Deshalb gibt es in der Raumplanung zwar »ewige Fragen«, aber eben keine »ewigen Antworten«. Die Entwicklung des Raums reflektiert die Entwicklung der Gesellschaft. Sie wird bestimmt von den sozialen, wirtschaftlichen und ökologischen Herausforderungen, die es anzunehmen gilt, von den Akteuren, die sich an der Problemlösung beteiligen, von den verfassungsrechtlichen Regelungen, die den Rahmen setzen und – nicht zuletzt – vom planungsrechtlichen Theorieangebot, das diese Konfliktlösungen systematisiert.

Das gegenwärtige Verhältnis von Wasserwirtschaft und Raumordnung – allgemeiner: von Fach- und Gesamtplanung – lässt sich auf den Begriff der

---

1 *Kurt Faßbender,* Grundfragen und Herausforderungen des europäischen Umweltplanungsrechts, NVwZ 2005, S. 1122 (1131).

2 Vgl. zur historischen überörtlichen Planung *Eberhard Schmidt-Aßmann,* Grundfragen des Städtebaurechts, 1972, S. 48 ff.; *Rainer Wahl,* Rechtsfragen der Landesplanung und Landesentwicklung, 1. Band, 1978, S. 8 f., 171 ff.

3 Vgl. *Eberhard Schmidt-Aßmann,* Umweltschutz in der Raumplanung, DÖV 1979, S. 1 (2); *Dietrich Fürst/Ernst-Hasso Ritter,* Planung, in: Akademie für Raumforschung und Landesplanung (Hrsg.), Handwörterbuch der Raumplanung, 4. Aufl. 2005, S. 765; *Georg Hermes,* Planung, in: Werner Heun/Martin Honecker/Jörg Haustein/Martin Morlok/Joachim Wieland (Hrsg.), Evangelisches Staatslexikon, 2006, Sp. 1790 (1791 f.).

»territorialen Governance« bringen. Dieser Begriff entstammt nicht akademischen Studierstuben, sondern der Planungspraxis: Er steht im Mittelpunkt der *Territorialen Agenda der Europäischen Union* (TAEU),[4] die zusammen mit der *Leipzig Charta zur nachhaltigen europäischen Stadt* (LC)[5] im Mai 2007 von den für Städtebau und Raumordnung zuständigen Ministern in Leipzig verabschiedet wurde: »Territorialer Zusammenhalt«, so die TAEU, »kann nur in einem intensiven und kontinuierlichen Dialog aller Akteure der räumlichen Entwicklung angegangen werden. Diesen Prozess der Zusammenarbeit bezeichnen wir als ›territoriale Governance‹«.[6] Damit verlässt sich territoriale Governance nicht mehr allein auf eine final programmierte staatliche Steuerung durch Pläne, um eine nachhaltige Raumentwicklung zu sichern. Sie realisiert vielmehr die Notwendigkeit, die öffentlichen und privaten Raumakteure im europäischen Mehrebenensystem durch institutionelle Regelungs- und Koordinationsstrukturen zu vernetzen.

Dies soll im Folgenden konkret für die Vernetzung von Wasserfachplanung und Raumordnung in vier Schritten gezeigt werden: Erstens ist den sozialen und politischen Gründen für die gegenwärtige Planungsrenaissance und Vernetzungsdynamik nachzugehen. Auf dieser Grundlage ist in einem

---

4 Vgl. *Rat der für Stadtentwicklung zuständigen Minister,* Territoriale Agenda der Europäischen Union – Für ein wettbewerbsfähigeres nachhaltiges Europa der vielfältigen Regionen, IzR 2007, S. 535 ff.; *Europäisches Parlament,* Follow-up of the Territorial Agenda and the Leipzig Charta: Towards a European Action Programme for Spatial Development and Territorial Cohesion, Ad-hoc note, IP/B/REGI/FWC/2006-166-Lot 05-C02-SC01, PE 397.237, 13.12.2007 (http://www.europarl.europa.eu/acitivities/committees/sudies.do?language=en), S. 2 f.

5 Vgl. *Rat der für Stadtentwicklung zuständigen Minister,* Leipzig Charta zur nachhaltigen europäischen Stadt, IzR 2007, S. 529 ff.; hierzu *Europäisches Parlament* (FN 4), S. 3 f.; *Jens Kersten,* Nachhaltigkeit und Städtebau, in: Wolfgang Kahl (Hrsg.), Nachhaltigkeit als Verbundbegriff, 2008, i.E.

6 *Rat der für Stadtentwicklung zuständigen Minister* (FN 4), Nr. 5; vgl. hierzu *Europäisches Parlament* (FN 4), 22 ff.; *Karl Peter Schön/Welf Selke,* Territoriale Agenda der EU – ein Ansatz für ein neues Planungs- und Entwicklungsverständnis in Europa, IzR 2007, S. 435 (439 f.); *Carl-Heinz David,* Status and Perspectives of Territorial Cohesion with Respect to European Spatial Development Policy – Normative and Governance Aspects, in: Dietmar Scholich (Hrsg.), Territorial Cohesion, 2007, S. 5 (16 ff.); *Jens Kersten,* Der territoriale Zusammenhalt der Europäischen Union – Territorial Governance als neues Paradigma der europäischen Raumentwicklung, in: Ulrich Battis/Wilhelm Söfker/Bernhard Stüer (Hrsg.), Nachhaltige Stadt- und Raumentwicklung. Festschrift für Michael Krautzberger zum 65. Geburtstag, 2008, S. 93 (113 ff.).

zweiten und dritten Schritt zu erörtern, wie die Vernetzung von öffentlichen und privaten Wasser- und Raumakteuren gegenwärtig sowohl auf europäischer als auch auf mitgliedstaatlicher Ebene erfolgt. Schließlich gilt es viertens diese Entwicklung zu territorialer Governance planungstheoretisch zu reflektieren und dabei den Weg nachzugehen, den *Gunnar Folke Schuppert* »von Planung über Steuerung zu Governance«[7] programmatisch vorgezeichnet hat.

B. Planungsrenaissance

Planungseuphorie und Planungsskepsis wechseln einander zyklisch ab.[8] Die Planungseuphorie der 1960er ist im Zuge der Wirtschaftskrise der 1970er Jahre einer Planungsskepsis gewichen. Doch seit Mitte der 1990er Jahre erlebt die Planung eine Renaissance.[9]

I. Nachhaltigkeit

Einer der zentralen Auslöser dieser Planungsrenaissance ist die Entfaltung des Rechts der nachhaltigen Entwicklung in Folge des Abschlussberichts der *Brundtland*-Kommission *Our Common Future* im Jahr 1987: »Sustainable Development seeks to meet the needs and aspirations of the present without compromising the ability to meet those of the future.«[10] Dieser Nachhaltigkeitsbegriff schlägt die normative Brücke von der Gegenwart in die Zukunft. Und da Planung auf der Grundlage einer Analyse der

---

7 *Gunnar Folke Schuppert,* Verwaltungsrecht und Verwaltungsrechtswissenschaft im Wandel. Von Planung über Steuerung zu Governance?, AöR 133 (2008), S. 79 ff.

8 Vgl. hierzu und zum Folgenden *Ulrich Battis,* Allgemeines Verwaltungsrecht, 3. Aufl. 2002, S. 258; *ders.,* Rechtsfragen zum Bundesraumordnungsprogramm, JZ 1976, S. 73; *Dietrich Fürst,* Entwicklung und Stand des Steuerungsverständnisses in der Raumplanung, disP 163 (2005), S. 16 (20); *Ralf Dahrendorf,* Der Wiederbeginn der Geschichte. Vom Fall der Mauer zum Krieg im Irak, 2004, S. 166 ff.

9 Vgl. *Fürst* (FN 8), S. 20; *Wolfgang Köck,* Pläne, in: Wolfgang Hoffmann-Riem/Eberhard Schmidt-Aßmann/Andreas Voßkuhle (Hrsg.), Grundlagen des Verwaltungsrechts, 2. Band, 2008, § 37, Rn. 6; speziell zur »Renaissance der Umweltplanung« *Reinhard Sparwasser/Rüdiger Engel/Andreas Voßkuhle,* Umweltrecht. Grundzüge des öffentlichen Umweltschutzrechts, 5. Aufl. 2003, § 2, Rn. 89.

10 *World Commission on Environment and Development,* Our Common Future, 1987, S. 40; hierzu *Reiner Schmidt/Wolfgang Kahl,* Umweltrecht, 7. Aufl. 2007, § 8 Rn. 1 f.

gegenwärtigen Lage in Verbindung mit einer Prognose künftiger Entwicklung einen futuristischen Ordnungsentwurf wagt,[11] ist Planung folgerichtig ein zentrales Handlungsinstrument des sich gegenwärtig ausdifferenzierenden Rechts der nachhaltigen Entwicklung.

Dieser Erkenntnis folgt insbesondere das europäische Umweltplanungsrecht. Das planerische Innovationspotential des europäischen Wasserfachplanungsrechts wird dabei deutlich, wenn man es mit dem schwerfälligen tradierten deutschen Wasserfachplanungsrecht vergleicht:[12] Der wasserwirtschaftliche Rahmenplan (§ 36 WHG a.F.) und der Bewirtschaftungsplan (§ 36b WHG a.F.) wurden in der Verwaltungspraxis kaum genutzt: zum einen weil die Planaufstellung äußerst aufwendig war; zum anderen weil soweit überhaupt eine Pflicht zur wasserwirtschaftlichen Fachplanung bestand, diese nicht erfüllt wurde. Im Jahr 2001 hat *Guy Beaucamp* hinsichtlich der Bewirtschaftungsplanung nach § 36b WHG a.F. die Bilanz gezogen, dass bundesweit nur sechzehn Bewirtschaftungspläne aufgestellt worden wären, davon acht in Nordrhein-Westfalen, das jedoch bereits 1993 seine diesbezüglichen Planungsbemühungen wieder eingestellt hat. Demgegenüber hatten beispielhaft Bayern, Baden-Württemberg und Meck-

11 Vgl. *Eberhard Schmidt-Aßmann,* Das allgemeine Verwaltungsrecht als Ordnungsidee. Grundlagen und Aufgaben der verwaltungsrechtlichen Systembildung, 2. Aufl. 2004, S. 332; *ders.,* Planungsrecht, in: Akademie (FN 3), S. 783 f.; *ders.,* Planung als administrative Handlungsform und Rechtsinstitut, in: ders., Aufgaben und Perspektiven verwaltungsrechtlicher Forschung. Aufsätze 1975-2005, 2006, S. 158 (159).

12 Vgl. hierzu und zum Folgenden *Eberhard Schmidt-Aßmann,* Struktur und Gestaltungselemente eines Umweltplanungsrechts, DÖV 1990, S. 169 (172); *Bundesministerium für Umwelt, Naturschutz und Reaktorsicherheit* (Hrsg.), Umweltgesetzbuch (UGB-KomE). Entwurf der unabhängigen Sachverständigenkommission zum Umweltgesetzbuch beim Bundesministerium für Umwelt, Naturschutz und Reaktorsicherheit, 1998, S. 1062; *Michael Reinhardt,* Bewirtschaftungsplanung im Wasserrecht – Skizzen über ein Instrument der Gewässerbewirtschaftung zwischen nationalem und europäischem Wasserrecht, ZfW 1999, S. 300 (301 ff.); *Ivo Appel,* Das Gewässerschutzrecht auf dem Weg zu einem qualitätsorientierten Bewirtschaftungsregime. Zum finalen Regelungsansatz der EG-Wasserrahmenrichtlinie, ZUR Sonderheft 2001, S. 129 (131); *Guy Beaucamp,* Aus vier mach eins – das wasserwirtschaftliche Planungsinstrumentarium nach dem Entwurf des 7. Gesetzes zur Änderung des WHG, UPR 2001, S. 423 (424); *Rüdiger Breuer,* Oberirdische Gewässer, in: Hans-Werner Rengeling (Hrsg.), Handbuch zum europäischen und deutschen Umweltrecht, 2. Band, 1. Teilband, 2. Aufl. 2003, § 66, Rn. 13, 19; *Silke Ruth Laskowski/Cornelia Ziehm,* Gewässerschutzrecht, in: Hans-Joachim Koch (Hrsg.), Umweltrecht, 2007, § 5, Rn. 108; jew. m.w.N.

lenburg-Vorpommern von vornherein überhaupt keine Bewirtschaftungspläne aufgestellt.[13]

Dies hat sich mit der Wasserrahmenrichtlinie (WRRL) vom 23. Oktober 2000[14] und mit der Hochwasserrichtlinie (HWRL) vom 23. Oktober 2007[15] grundlegend geändert.[16] Bewirtschaftungspläne sind spätestens neun Jahre nach Inkrafttreten der Wasserrahmenrichtlinie zu veröffentlichen (Art. 13 Abs. 6 WRRL) und sodann im Sechsjahresrhythmus zu aktualisieren (Art. 13 Abs. 7 WRRL).[17] Maßnahmenprogramme müssen ebenfalls spätestens neun Jahre nach dem Inkrafttreten der Wasserrahmenrichtlinie aufgestellt und spätestens zwölf Jahre nach deren Inkrafttreten in die Praxis umgesetzt sein (Art. 11 Abs. 7 WRRL), wobei auch insofern eine Aktualisierungspflicht alle sechs Jahre besteht (Art. 11 Abs. 8 Satz 1 WRRL). Analoge Planungspflichten ergeben sich auch aus der Hochwasserrichtlinie: Hochwassergefahren- und Hochwasserrisikokarten müssen bis zum 22. Dezember 2010 (Art. 6 Abs. 8 HWRL), Hochwasserrisikomanagementpläne bis zum 22. Dezember 2015 (Art. 7 Abs. 5 HWRL) erstellt sein.[18]

Diese wasserwirtschaftlichen Planungspflichten dynamisieren das Gesamtplanungssystem. Der Grund dafür liegt im Spannungsverhältnis zwischen

---

13 Vgl. *Beaucamp* (FN 12), S. 424.

14 Richtlinie 2000/60/EG des Europäischen Parlaments und des Rates vom 23. Oktober 2000 zur Schaffung eines Ordnungsrahmens für Maßnahmen der Gemeinschaft im Bereich der Wasserpolitik, ABl. L 327 vom 22. Dezember 2000, S. 1.

15 Richtlinie 2007/60/EG des europäischen Parlaments und des Rates vom 23. Oktober 2007 über die Bewertung und das Management von Hochwasserrisiken, ABl. L 288 vom 6. November 2007, S. 27; hierzu *Rüdiger Breuer,* Der Vorschlag für eine EG-Hochwasserrichtlinie – eine kritische Würdigung, EurUP 2006, S. 170 ff.

16 Vgl. hierzu und zum Folgenden BT-Drs. 14/7755, S. 20 f.; *Rüdiger Breuer,* Öffentliches und privates Wasserrecht, 3. Aufl. 2004, Rn. 614, 619; *Michael Kotulla,* Das Wasserhaushaltsgesetz und dessen 7. Änderungsgesetz, NVwZ 2002, S. 1409 (1415 ff.); *Manfred Czychowski/Michael Reinhardt,* WHG, 9. Aufl. 2007, § 36, Rn. 37, § 36b, Rn. 27.

17 Vgl. *Beaucamp* (FN 12), S. 423 ff., zu den Gemeinsamkeiten und Unterschieden der Bewirtschaftungspläne nach altem und nach neuem Recht.

18 Vgl. *Breuer* (FN 15), S. 171, 177; *Michael Kotulla,* Wasserhaushaltsgesetz zwischen Hochwasserschutz, Strategischer Umweltprüfung und Föderalismusreform, 2007, § 31d WHG, Rn. 61, 63.

dem engen und dem weiten Nachhaltigkeitsbegriff.[19] Der enge Nachhaltigkeitsbegriff bezieht sich auf den Schutz ökologischer Ressourcen. Ihm ist das europäische und nationale Wasserfachplanungsrecht verpflichtet, das in erster Linie eine nachhaltige Wasserwirtschaft fördern soll (Art. 1 WRRL,[20] § 1a Satz 2 WHG[21]). Demgegenüber kommt es nach dem weiten Nachhaltigkeitsverständnis darauf an, soziale, ökonomische und ökologische Belange angemessen auszugleichen. Diesem weiten Nachhaltigkeitsbegriff ist die europäische wie die nationale Gesamtplanung verpflichtet (EUREK, § 1 Abs. 2 Satz 1 ROG, § 1 Abs. 5 Satz 1 BauGB).[22] Aufgrund dieses weiten Nachhaltigkeitsverständnisses ziehen die Wasserfachplanungspflichten »quasi automatisch« Gesamtplanungspflichten nach sich, um die ökologisch nachhaltige Wasserwirtschaftsplanung in eine sozial, ökonomisch und ökologisch nachhaltige Raumentwicklung einzubetten.

II. Vernetzungsdynamik

Diese Planungsdynamik wird noch weiter durch die sozialen und politischen Veränderungen gefördert, die sich seit dem Beginn der Planungsdepression Mitte der 1970er Jahre vollzogen haben. Die Bundesrepublik hat sich von einer klassischen, homogenen Industrie- in eine pluralistische Dienstleistungs- und Wissensgesellschaft gewandelt.[23] Darüber hinaus hat sie sich in das europäische Mehrebenensystem und somit auch in den

---

19 Vgl. zum Spannungsverhältnis von engem und weitem Nachhaltigkeitsbegriff *Wolfgang Kahl,* in: Rudolf Streinz (Hrsg.), EUV/EGV, 2003, Art. 6 EGV, Rn. 19; *Andreas Glaser,* Nachhaltige Entwicklung und Demokratie, 2006, S. 44 ff.; *Klaus Ferdinand Gärditz,* Umweltgesetzbuch und Umweltgesamtplanung, Die Verwaltung 40 (2007), S. 203 (217); *Kersten* (FN 5).

20 Vgl. *Appel* (FN 12), S. 137; *Johannes Caspar,* Die EU-Wasserrahmenrichtlinie: Neue Herausforderungen an einen europäischen Gewässerschutz, DÖV 2001, S. 529 (530 f.).

21 Vgl. BT-Drs. 14/7755, S. 20 f.; *Kotulla* (FN 16), S. 1416; *Günter-Michael Knopp,* Die Umsetzung der Wasserrahmenrichtlinie im deutschen Wasserrecht, ZUR 2001, S. 368 (370 f.); *Gärditz* (FN 19), S. 215.

22 Vgl. *Gärditz* (FN 19), S. 215 f.; *Kersten* (FN 5); *Ulrich Battis,* Öffentliches Baurecht und Raumordnungsrecht, 5. Aufl. 2006, S. 29 f.; ferner unten C.II.1.

23 Vgl. *Jens Kersten,* Abschied von der Gleichwertigkeit der Lebensverhältnisse – Der »wirtschaftliche, soziale und territoriale Zusammenhalt« als neue Leitvorstellung für die Raumplanung –, UPR 2006, S. 245 ff.

»europäischen Verwaltungsraum«[24] integriert. Diese beiden Stichworte veranschaulichen, dass sich Fach- wie Gesamtplanung heute nicht mehr auf formelle Pläne im Sinn von einseitig hoheitlichen Finalprogrammen beschränken können.[25] In einer europäisierten, pluralistischen Wissens- und Dienstleistungsgesellschaft müssen Pläne durch weitere Instrumente ergänzt werden, um einen Planungserfolg sicherstellen zu können. Dies lässt sich anhand von zwei Entwicklungen verdeutlichen, die die gegenwärtige Planungsrenaissance begleiten: erstens die Zunahme informierender und informeller Planung; zweitens die Entwicklung und Institutionalisierung von Kooperationsstrukturen.

1. Informierende und informelle Planung

Erstens bedarf es einer quantitativen wie qualitativen Verbreiterung des Planungswissens über die soziale, ökonomische und ökologische Entwicklung des europäischen Raums, das die europäisch vernetzten Raumakteure ihren Fach- und Gesamtplanungen auf den unterschiedlichen Planungsebenen gemeinsam zugrunde legen können: Hier liegt der Grund für eine wissenschaftliche Raumbeobachtung, wie beispielsweise das *European Spatial Planning Observation Network* (ESPON),[26] sowie für eine Aufwertung der informierenden und der informellen Fach- und Gesamtplanung.[27] Beispiele für die informierende Planung sind etwa die Hochwassergefahren- und Hochwasserrisikokarten (Art. 6 HWRL) sowie die wasserwirtschaftlichen Bewirtschaftungspläne (Art. 13 WRRL, § 36b WHG).[28] Ein Beispiel für informelle Planung sind die von der Minister-

24 *Schmidt-Aßmann,* Verwaltungsrecht (FN 11), S. 377 ff.; vgl. ferner *Matthias Ruffert,* Von der Europäisierung des Verwaltungsrechts zum Europäischen Verwaltungsverbund, DÖV 2007, S. 761 (770).

25 Vgl. hierzu und zum Folgenden unten IV.2.

26 Vgl. *Peter Ache,* Europäische Raumbeobachtung. Zum Übergang des ESPON-Forschungsnetzwerkes in die zweite Phase, RaumPlanung 130 (2007), S. 33 ff.; *Volker Schmidt-Seiwert,* Europäische Raumbeobachtung, in: Akademie (FN 3), S. 246 ff.

27 Vgl. zur informellen Planung *Rainer Danielzyk,* Informelle Planung, in: Akademie (FN 3), S. 465 ff.; *Jörg Knieling/Klaus-R. Kunzmann,* Räumliche und funktionale Netze, ebenda, S. 704 (705 f.).

28 Vgl. für die Bewirtschaftungspläne BT-Drs. 14/7755, S. 21; *Breuer* (FN 16), Rn. 617; *ders.,* Gewässerschutz. Grundlagen und allgemeine Regelungen, in: Rengeling (FN 12), § 65, Rn. 114; *Czychowski/Reinhardt* (FN 16), § 36 WHG, Rn. 9 f., § 36b WHG, Rn. 8; *Knopp* (FN 21), S. 375; *Kurt Faßbender,* Gemeinschaftsrechtliche

konferenz für Raumordnung (MKRO) erarbeiteten »Leitbilder und Handlungsstrategien für die Raumentwicklung in Deutschland« vom 30. Juni 2006, die sich im Rahmen ihres dritten Leitbilds »Ressourcen bewahren, Kulturlandschaften gestalten« dem integrierten Umweltschutz widmen und besonderes Augenmerk auf den nachhaltigen Schutz des Wassers und der Flusslandschaften legen.[29]

2. Kooperationsstrukturen

Zweitens müssen Kooperationsstrukturen entwickelt werden, die in der Lage sind, die öffentlichen und privaten Umwelt- und Raumakteure im europäischen Mehrebenensystem vertikal und horizontal zu vernetzen: Hier stehen als tradierte Kooperationsformen Verwaltungsverträge und Verwaltungsabkommen zur Verfügung. Es werden jedoch auch neue Verwaltungsinstitute entwickelt, die die bisherigen Vernetzungsmöglichkeiten um polyzentrische Handlungsstrukturen erweitern. Ein Beispiel dafür ist der Europäische Verbund für territoriale Zusammenarbeit (Art. 18 EFRE-Verordnung[30], EVTZ-Verordnung[31]). Damit werden vor allem die von

---

Anforderungen an die normative Umsetzung der neuen EG-Wasserrahmenrichtlinie, NVwZ 2001, S. 241 (247 f.); wohl auch *Kotulla* (FN 16), S. 1417; *ders.,* Wasserhaushaltsgesetz, 2003, § 36b, Rn. 2.

29 Vgl. *Ministerkonferenz für Raumordnung (MKRO),* Leitbilder und Handlungsstrategien für die Raumentwicklung in Deutschland, 30.06.2006, hrsg. v. Bundesministerium für Verkehr, Bau und Stadtentwicklung, 2006, S. 4 f., 18 ff.; hierzu *Hans H. Blotevogel,* Neuorientierung der Raumordnungspolitik? Die neuen »Leitbilder und Handlungsstrategien für die Raumentwicklung in Deutschland« in der Diskussion, RuR 2006, S. 460 (470); grds. *Peter Dehne,* Leitbilder in der räumlichen Entwicklung, in: Akademie (FN 3), S. 608 ff., zur Funktion von Leitbildern in der räumlichen Entwicklung.

30 Verordnung (EG) Nr. 1080/2006 des Europäischen Parlaments und des Rates vom 5. Juli 2006 über den Europäischen Fonds für regionale Entwicklung und zur Aufhebung der Verordnung (EG) Nr. 1763/1999, ABl. L 210 v. 31. Juli 2006, S. 1; vgl. hierzu *Europäisches Parlament* (FN 4), S. 14.

31 Verordnung (EG) Nr. 1082/2006 des Europäischen Parlaments und des Rates vom 5. Juli 2006 über den Europäischen Verbund für territoriale Zusammenarbeit (EVTZ), ABl. L 210 v. 31. Juli 2006, S. 19; hierzu *Gerold Janssen,* Environmental Protection needs good Administration of the New Legal Instrument European Groupings of Territorial Co-operation, in: Scholich (FN 6), S. 63 ff.; allerdings krit. *José Martínez Soria,* Die grenzüberschreitende Raumplanung unter europäischem Integrationsdruck, ZUR 2005, S. 337 (341); *ders.,* Die grenzüberschreitende Raumplanung im Spannungsverhältnis zwischen nationalem und europäischem Recht, in: Jan Ziekow

Gernot Sydow zu Recht kritisierten institutionellen Defizite in der horizontalen Raumentwicklungspolitik angegangen.[32]

C. Europäische Union

Die Vernetzung von Wasserfach- und Gesamtplanung erfolgt nicht erst durch die Mitgliedstaaten. Bereits auf der europäischen Ebene werden grundlegende Kooperations- und Regelungsstrukturen für die Entwicklung von territorialer Governance vorgezeichnet. Das europäische Recht vernetzt das grenzüberschreitende Wasserfachplanungsrecht, um eine nachhaltige Wasserwirtschaft in der Europäischen Union sicherzustellen. Zugleich bindet es die Wasserfachplanung in die europäische Gesamtplanung ein, um eine nachhaltige Entwicklung im weiteren, dreidimensionalen Sinn zu gewährleisten. Die Umsetzung dieser Politik des territorialen Zusammenhalts erfolgt sodann über die europäische Regional- und Strukturpolitik.

I. Wasserfachplanung

Das europäische Wasserwirtschaftsrecht fordert eine Vernetzung der grenzüberschreitenden Wasserfachplanungen, um eine dem engen, ökologischen Nachhaltigkeitsbegriff entsprechende Wasserwirtschaft in Europa zu gewährleisten.[33] Jeder Mitgliedstaat stellt für eine Flussgebietseinheit einen

---

(Hrsg.), Aktuelle Fragen des Luftverkehrs-, Fachplanungs- und Naturschutzrechts, 2006, S. 285 (302).

32 Vgl. *Gernot Sydow,* Strukturen europäischer Planungsverfahren – Die Europäische Union und ihre Mitgliedstaaten im Planungsverbund, DÖV 2003, S. 605 (606).

33 Vgl. hierzu und zum Folgenden *Caspar* (FN 20), S. 532, 536 f.; *Günther-Michael Knopp,* Die Umsetzung der Wasserrahmenrichtlinie – Neue Verwaltungsstrukturen und Planungsinstrumente im Gewässerschutzrecht, NVwZ 2003, S. 375 (376); *Ernst-Hasso Ritter,* Europäische Planungsverfahren, in: Akademie (FN 3), S. 241 (244); *Wolfgang Seidel/Jörg Rechenberg,* Rechtliche Aspekte des integrativen Gewässermanagements in Deutschland, ZUR 2004, S. 213 (218 f.); *Czychowski/Reinhardt* (FN 16), § 36b WHG, Rn. 4; *Breuer* (FN 12), § 66, Rn. 33; *Thomas Stratenwerth,* Bewirtschaftung nationaler und internationaler Flussgebiete, in: Peter Rumm/Stephan von Keitz/Michael Schmalholz (Hrsg.), Handbuch der EU-Wasserrahmenrichtlinie. Inhalte, Neuerungen und Anregungen für die nationale Umsetzung, 2006, S. 59 ff.; grds. zu den Kooperationsstrukturen *Lothar Knopp,* Flussgebietsmanagement und Verwaltungskooperation, in: Wilfried Erbguth (Hrsg.), Änderungsbedarf im Wasserrecht – zur Umsetzung europarechtlicher Vorgaben, Rostocker Umweltrechtstag 2002, 2003, S. 27 (33 ff.). *Sandra Solf,* Europäisches Flussgebietsmanagement und deutsche

Bewirtschaftungsplan auf, soweit diese vollständig auf seinem Hoheitsgebiet liegt (Art. 13 Abs. 1 WRRL). Soweit eine internationale Flussgebietseinheit auf dem Gebiet mehrerer Mitgliedstaaten liegt, entwerfen die betroffenen Mitgliedstaaten einen einzigen Bewirtschaftungsplan (Art. 13 Abs. 2 Satz 1 WRRL). Erstreckt sich eine internationale Flussgebietseinheit über die Grenzen der Gemeinschaft hinaus, so bemühen sich die betroffenen Mitgliedstaaten mit den betroffenen Drittstaaten darum, dass ein einziger Bewirtschaftungsplan für die Flusseinzugsgebiete erstellt wird (Art. 13 Abs. 3 Halbsatz 1 WRRL). Analoges gilt für die grenzüberschreitende bzw. transnationale Vernetzung von Hochwasserrisikomanagementplänen (§ 8 Abs. 1 bis Abs. 3 HWRL).[34]

II. Gesamtplanung

Sowohl die Wasserrahmen- als auch die Hochwasserrichtlinie belassen es nicht bei der Vernetzung der wasserspezifischen Planungen, sondern weisen auch auf deren Vernetzungsbedarf mit der Gesamtplanung hin. Nach der Hochwasserrichtlinie müssen die Hochwasserrisikomanagementpläne die Raumordnung berücksichtigen (Art. 7 Abs. 3 UAbs. 2 HWRL).[35] Die Wasserrahmenrichtlinie führt in ihrem Erwägungsgrund 16 aus, dass der Schutz und die nachhaltige Bewirtschaftung von Gewässern stärker in andere politische Maßnahmen der Gemeinschaft integriert werden müssen, so z.B. in die Energie-, die Verkehrs-, die Landwirtschafts-, die Fischerei- und die Fremdenverkehrspolitik. Die Wasserrahmenrichtlinie solle – so ihr Erwägungsgrund 16 weiter – die Grundlage für einen kontinuierlichen Dialog und für die Entwicklung von Strategien für eine stärkere politische Integration legen. Sie könne somit auch einen bedeutenden Beitrag in anderen Bereichen der Zusammenarbeit zwischen den Mitgliedstaaten, unter anderem im Zusammenhang mit dem Europäischen Raumentwicklungskonzept (EUREK) leisten.[36]

Wasserwirtschaftsverwaltung. Zur rechtlichen Umsetzung des Art. 3 Wasserrahmenrichtlinie, 2006, S. 131 ff.

34 Vgl. *Kotulla* (FN 18), § 31d, Rn. 62.

35 Vgl. *Breuer* (FN 15), S. 171.

36 Vgl. hierzu auch *Lothar Finke,* Wasserrahmenrichtlinie, in: Akademie (FN 3), S. 1276.

1. Konzept

Mit diesem Hinweis auf das EUREK, das die europäischen Raumordnungsminister und das für Regionalpolitik zuständige Mitglied der Europäischen Kommission am 10. und 11. Mai 1999 in Potsdam verabschiedet haben, bezieht die Wasserrahmenrichtlinie die Wasserfachplanung in die europäische Gesamtplanung ein:[37] Das EUREK entdeckt das »Territorium« als »eine neue Dimension der europäischen Politik«[38] und entwirft »eine Vision vom künftigen Raum der EU«[39]. Das Leitbild einer »regional ausgewogenen und nachhaltigen Raumentwicklung«[40] soll als *soft law*[41] zu einer integrierten Wahrnehmung der raumrelevanten Fachpolitiken der Kommission und der Mitgliedstaaten führen.[42] Entsprechend dem dreidimensionalen Nachhaltigkeitsbegriff formuliert das EUREK das Ziel, die sozialen, ökonomischen und ökologischen Ansprüche an den europäischen Raum auszugleichen. Dies gilt auch für die nachhaltige Bewirtschaftung der europäischen Wasserressourcen, der sich das EUREK ausführlich widmet: Ziel einer integrierten Raumentwicklungspolitik sei es, Überschwemmungen zu verhüten, gegen die Wasserknappheit zu kämpfen und eine nachhaltige Wasserwirtschaft zu gewährleisten.[43]

Diese Grundsätze einer integrierten Raumentwicklungspolitik hat die Europäische Union inzwischen im Dialog mit den Mitgliedstaaten zur Politik des territorialen Zusammenhalts fortentwickelt, deren vorläufige Höhe- und Endpunkte die Anerkennung des territorialen Zusammenhalts als Ziel der Europäischen Union im Reformvertrag von Lissabon (Art. 3

37 Vgl. zurückhaltend *Wolfgang Durner,* Konflikte räumlicher Planungen. Verfassungs-, verwaltungs- und gemeinschaftsrechtliche Regeln für das Zusammentreffen konkurrierender planerischer Raumansprüche, 2005, S. 517 ff., hinsichtlich der Entwicklung einer europäischen Gesamtplanung.

38 *Europäische Kommission* (Hrsg.), EUREK – Europäisches Raumentwicklungskonzept. Auf dem Wege zu einer räumlich ausgewogenen und nachhaltigen Entwicklung der Europäischen Union. Angenommen beim Informellen Rat der für Raumordnung zuständigen Minister in Potsdam im Mai 1998, 1999, S. 7.

39 *Europäische Kommission* (FN 38), S. 11.

40 *Europäische Kommission* (FN 38), S. 10.

41 Vgl. *Hans D. Jarass,* Wirkung des EG-Rechts in den Bereichen der Raumordnung und des Städtebaus, DÖV 1999, S. 661 (664); *ders.,* Europäisierung des Planungsrechts, DVBl. 2000, S. 945 (948).

42 Vgl. *Europäische Kommission* (FN 38), S. 7, 11 ff., 38 ff.; *Sydow* (FN 32), S. 606.

43 Vgl. *Europäische Kommission* (FN 38), S. 78.

Abs. 3 UAbs. 3 EUV-Lissabon, Art. 2c Abs. 2 lit. c, Art. 158 Abs. 1 VAEU-Lissabon)[44] sowie die bereits erwähnte TAEU sind.[45]

2. Umsetzung

Die Gemeinschaft setzt ihr Konzept nachhaltiger europäischer Raumentwicklung und ihre Politik des territorialen Zusammenhalts gegenwärtig über die Struktur- und Regionalpolitik um (Art. 158 ff. EGV).[46] Die Struktur- und Regionalpolitik der Strukturförderperiode 2007-2013 ist dem dreidimensionalen Nachhaltigkeitsbegriff verpflichtet (Art. 2 UAbs. 2 EFRE-Verordnung[47]), den sie aus dem europäischen Primärrecht rezipiert (Art. 2 UAbs. 1 Spiegelstrich 1 EUV, Art. 2, Art. 6 EGV). Dabei bindet sie den Umweltschutz (Art. 3 Abs. 1 UAbs. 2 Rahmen-Verordnung[48]) und insbesondere die Wasserwirtschaft[49] in alle drei Zielbereiche ein:

- Im Rahmen des Ziels »Konvergenz« setzt der Europäische Fonds für Regionale Entwicklung (EFRE) eine Priorität im Bereich Umwelt, indem er unter anderem Investitionen im Zusammenhang mit Wasserversorgung und Wasserbewirtschaftung fördert (Art. 4 Satz 2 Nr. 4 EFRE-Verordnung).
- Im Rahmen seines Ziels »Regionale Wettbewerbsfähigkeit und Beschäftigung« unterstützt der EFRE Strategien zur Vermeidung von Umweltrisiken und dabei insbesondere die Entwicklung von Plänen und Maßnahmen zur Vermeidung und Bewältigung von naturbedingten Risiken (z.B. Wüstenbildungen, Dürren, Bränden und Überschwem-

---

44 ABl. 2007/C 306, 1; vgl. *Europäisches Parlament* (FN 4), S. 2, 7; hierzu *Ulrich Battis/Jens Kersten,* Europäische Politik des territorialen Zusammenhalts – Europäischer Rechtsrahmen und nationale Umsetzung, UPR 2008, S. 201 ff.; *Kersten* (FN 6), S. 101 f.

45 Vgl. oben A.

46 Vgl. hierzu und zum Folgenden *Battis/Kersten* (FN 44), S. 204 ff.

47 Verordnung (EG) Nr. 1080/2006 des Europäischen Parlaments und des Rates vom 5. Juli 2006 über den Europäischen Fonds für regionale Entwicklung und zur Aufhebung der Verordnung (EG) Nr. 1763/1999, ABl. L 210 v. 31. Juli 2006, S. 1.

48 Verordnung (EG) Nr. 1083/2006 des Rates vom 11. Juli 2006 mit allgemeinen Bestimmungen über den Europäischen Fonds für regionale Entwicklung, den Europäischen Sozialfonds und den Kohäsionsfonds und zur Aufhebung der Verordnung (EG) Nr. 1260/1999, ABl. L 210 v. 31. Juli 2006, S. 25.

49 Vgl. *Faßbender* (FN 1), S. 1122.

mungen) sowie technologischen Risiken (Art. 5 UAbs. 1 Nr. 2 lit. e EFRE-Verordnung).

– Im Rahmen des Ziels »Europäische territoriale Zusammenarbeit« konzentriert der EFRE seine Unterstützung auf die Begründung und Entwicklung der transnationalen Zusammenarbeit durch die Finanzierung von Netzwerken und Aktionen, die eine integrierte territoriale Entwicklung begünstigen. Im Bereich der Umwelt liegt wiederum ein besonderer Schwerpunkt in der Wasserbewirtschaftung, beispielhaft in Maßnahmen zum Schutz und zur Bewirtschaftung von Flusseinzugsgebieten, Küstengebieten, Meeresressourcen, Wasserdienstleistungen und Feuchtgebieten sowie – wiederum – zur Vermeidung von Bränden, Dürren und Überschwemmungen (Art. 6 Nr. 2 UAbs. 1 lit. b EFRE-Verordnung).

Somit beschränkt sich die Europäische Union nicht darauf, durch die Wasserrahmenrichtlinie eine im engeren Sinn ökologisch nachhaltige Wasserwirtschaftspolitik zu verfolgen. Daneben setzt sie ihre Politik des territorialen Zusammenhalts, die sie auf der Grundlage des EUREK entwickelt hat. Diese territoriale Kohäsionspolitik folgt dem dreidimensionalen Nachhaltigkeitsbegriff. Sie wird über die europäische Struktur- und Regionalpolitik umgesetzt. In der Förderung von grenzüberschreitenden, interregionalen und transnationalen Umwelt- und insbesondere auch wasserwirtschaftlichen Projekten wird so nicht nur eine Vernetzung der Wasserfachplanung, sondern zugleich auch deren Abwägung mit sozialen und ökonomischen Belangen im Sinn des weiten Nachhaltigkeitsbegriffs gefördert. Auf diese Weise werden europäische Wasserfachplanungs- und europäische Raumentwicklungspolitik miteinander vernetzt.

D. Mitgliedstaaten

Auch auf der Ebene der Mitgliedstaaten stehen die Wasserwirtschafts- und die Gesamtplanung nicht unverbunden nebeneinander, sondern sehen sich als Ausdifferenzierungen des integrierten Rechts einer nachhaltigen Entwicklung miteinander verbunden.

I. Wasserfachplanung

Ziel des Wasserhaushaltsgesetzes ist es, eine nachhaltige Wasserwirtschaft zu sichern (§ 1a Abs. 1 Satz 2 WHG). Damit folgt die Hochwasserschutzplanung (§ 31d WHG) sowie die Wasserwirtschaftsplanung in Form der Maßnahmenprogramme (§ 36 WHG) und Bewirtschaftungspläne (§ 36b WHG) dem engen ökologischen Nachhaltigkeitsbegriff. Diese Fachplanungen werden durch § 4 ROG auf die Beachtung der Ziele der Raumordnung und die Berücksichtigung der Grundsätze sowie die sonstigen Erfordernisse der Raumordnung verpflichtet.[50] Dabei kommt den Raumordnungsklauseln des § 36 Abs. 1 WHG für das Maßnahmenprogramm sowie des § 36b Abs. 2 Satz 2 WHG für den Bewirtschaftungsplan nur eine deklaratorische Bedeutung zu.[51] Dies zeigt sich nicht zuletzt auch darin, dass im Entwurf des Zweiten Buchs des Umweltgesetzbuchs die Raumordnungsklauseln für das Maßnahmenprogramm (§ 66 UGB II-Entwurf) wie für den Bewirtschaftungsplan (§ 67 UGB II-Entwurf) mit der Begründung entfallen, dass die Raumordnungsklauseln ohnehin nur eine klarstellende Wirkung entfalten.[52]

Doch diese rein formelle Kopplung zwischen dem Wasserfachplanungs- und dem Raumordnungsrecht lässt zwei entscheidende Fragen offen:

Zum einen kann sie keine Aussage hinsichtlich der Vernetzung von Fach- und Gesamtplanung treffen, die über das formelle Planungsrecht hinausgeht. Auf diese Vernetzung kommt es aber nach der oben vorgenommenen Analyse der Vernetzungsdynamik insbesondere im Hinblick auf die Kooperation privater und öffentlicher sowie fach- und gesamtplanerischer Raumakteure an.[53]

Zum anderen enthält die rein formale Vernetzung von Fach- und Gesamtplanungsrecht keine Aussage hinsichtlich des materiellen Stellenwerts, den

50 Vgl. *Peter Runkel,* Raumwirksame Fachplanungen, in: Akademie (FN 3), S. 281 (282); *Kotulla* (FN 18), § 31d WHG, Rn. 52 f.

51 Vgl. *Knopp* (FN 33), S. 379; *Kotulla* (FN 28), § 36 WHG, Rn. 7, § 36b WHG, Rn. 6; *Czychowski/Reinhardt* (FN 16), § 36 WHG, Rn. 9 f., § 36b WHG, Rn. 8; vgl. grds. *Ernst Forsthoff/Willi Blümel,* Raumordnungsrecht und Fachplanungsrecht, 1970, S. 29 ff.; *Jörg Wagner,* Die Harmonisierung der Raumordnungsklauseln in den Gesetzen der Fachplanung, DVBl. 1990, S. 1024 (1025 ff.); *Durner* (FN 37), S. 84 ff.

52 Vgl. UGB II, Entwurf, S. 54 f., Begründung, S. 73 f.

53 Vgl. oben B. II.2.

die Umweltbelange in der Gesamtplanung einnehmen. Zwar scheinen die Zeiten vorbei zu sein, in denen man – wie *Hans Magnus Enzensberger* in seiner »ungehaltenen Rede über das Wasserrecht« aus dem Jahr 1984 – von einem kalkuliert unredlichen, ja böswilligen Umgang mit Umweltbelangen in der Planung sprechen musste.[54] Dennoch muss aber auch heute eine angemessene materielle Gewichtung der Umweltbelange in der Gesamtplanung sichergestellt sein, damit die Vernetzung von Wasserfach- und Gesamtplanung effektiv gewährleistet wird. Eben dies ist das Thema von Umweltgrundlagen-, Umweltleit- und Umweltgesamtplanung, das den Diskurs zwischen Umweltfach- und Gesamtplanung in den letzten Jahren beherrscht hat.[55] Vor allem *Werner Hoppe*[56] hat diese Konzepte jedoch pointiert kritisiert,[57] so dass der Gesetzgeber ihnen bisher zu Recht nicht näher getreten ist.

II. Raumordnung

Bisher will der Gesetzgeber es also bei einem Dialog zwischen Fachplanungs- und Raumordnungsrecht ohne weitere intermediäre Umweltplanungsebenen belassen, um eine nachhaltige Umwelt- und Raumpolitik

54 Vgl. *Hans Magnus Enzensberger,* Brunnenvergiftung. Eine ungehaltene Rede über das Wasserrecht und über verwandte Gegenstände (1984), in: ders., Mittelmaß und Wahn. Gesammelte Zerstreuungen, 3. Aufl. 1989, S. 195 (196).

55 Vgl. *Schmidt-Aßmann* (FN 12), S. 176 ff.; *Wolfgang Köck,* Perspektiven integrierter Umweltplanung aus rechtlicher Sicht, UPR 2002, S. 321 ff.; *Gärditz* (FN 19), S. 203 ff.; *Rüdiger Breuer,* Umweltschutzrecht, in: Eberhard Schmidt-Aßmann, Besonderes Verwaltungsrecht, 13. Aufl. 2005, S. 597 f.; *Schmidt/Kahl* (FN 10), § 1, Rn. 25; *Sparwasser/Engel/Voßkuhle* (FN 9), § 2, Rn. 110 ff.

56 Vgl. *Werner Hoppe,* Staatsaufgabe Umweltschutz, in: VVDStRL 38 (1980), S. 211 (253 ff.); *ders.,* Die Umweltleitplanung im Entwurf eines Umweltgesetzbuches – Allgemeiner Teil, NJW 1992, S. 1993 (1996 ff.); *ders.,* Bemerkungen zur Umweltgrundlagenplanung im UGB-Entwurf der Unabhängigen Sachverständigenkommission (UGB-KomE), in: Klaus Grupp/Michael Ronellenfitsch (Hrsg.), Planung – Recht – Rechtsschutz. Festschrift für Willi Blümel zum 70. Geburtstag am 6. Januar 1999, 1999, S. 177 ff.; *ders.,* Empfiehlt sich die Regelung einer selbstständigen Umweltplanung? Zugleich Anmerkungen zur Umweltleitplanung im UGB-AT-ProfE und zur Umweltgrundlagenplanung im UGB-Kom-E, in: Klaus Peter Dolde (Hrsg.), Umweltrecht im Wandel. Bilanz und Perspektiven aus Anlass des 25-jährigen Bestehens der Gesellschaft für Umweltrecht (GfU), 2001, S. 267 ff.

57 Vgl. *Ulrich Battis,* Das System der räumlichen Gesamtplanung, in: Wilfried Erbguth u.a. (Hrsg.), Planung. Festschrift für Werner Hoppe zum 70. Geburtstag, 2000, S. 303 (313 ff.).

sicherzustellen. Dies zeigen die Novelle des Raumordnungsgesetzes 2005 sowie der Referentenentwurf für eine Neugestaltung des Raumordnungsgesetzes vom 22. Februar 2008, die das Umweltfachplanungs- und das Raumordnungsrecht enger vernetzen.

1. Raumordnungsnovelle 2005

Das Raumordnungsgesetz wurde im Zuge des Gesetzes zur Verbesserung des vorbeugenden Hochwasserschutzes vom 3. Mai 2005 novelliert.[58] Zum einen wurde § 7 Abs. 2 Satz 1 Nr. 2 lit. d) in das Raumordnungsgesetz eingeführt, nach dem Freiräume zur Gewährleistung des vorbeugenden Hochwasserschutzes in Raumordnungsplänen festgelegt werden können. Zum anderen wurde nach § 7 Abs. 3 Satz 2 Nr. 5 ROG die Aufnahme der raumbedeutsamen Erfordernisse und Maßnahmen des vorbeugenden Hochwasserschutzes nach den Vorschriften des Wasserhaushaltsgesetzes in Raumordnungsplänen ausdrücklich festgeschrieben. Damit wird die Funktion des Raumordnungsrechts unterstrichen, durch die Übernahme fachplanerischer Festsetzungen deren gesamtplanerische Koordination zu sichern – eine Funktion, die die Gesamtplanung nach § 7 Abs. 3 Satz 2 ROG auch für das übrige Wasserfachplanungsrecht entsprechend dem dreidimensionalen Nachhaltigkeitsbegriff des § 1 Abs. 2 Satz 1 ROG gewährleistet.[59]

2. Referentenentwurf für eine Neufassung des Raumordnungsgesetzes 2008

Die Föderalismusreform 2006 hat die Kompetenzen für die Raumordnung neu gestaltet (Art. 73 Abs. 3 Satz 1 Nr. 4, Art. 74 Abs. 1 Nr. 31 GG).[60]

---

58 BGBl I, 1224; vgl. hierzu *Stephan Mitschang,* Die Auswirkungen des neuen Hochwasserschutzgesetzes auf die Regional- und Bauleitplanung, LKV 2006, S. 433 (441); *Carsten Heemeyer,* Auswirkungen des Hochwasserschutzgesetzes auf Raumordnungs- und Bauleitpläne, 2007, S. 67 ff.

59 Vgl. *Mitschang* (FN 58), S. 441.

60 Vgl. zum Streitstand nur *Werner Hoppe,* Kompetenz-Debakel für die »Raumordnung« durch die Föderalismusreform infolge der uneingeschränkten Abweichungszuständigkeit der Länder?, DVBl. 2007, S. 144 ff.; *Ulrich Battis/Jens Kersten,* Die Raumordnung nach der Föderalismusreform, ebd., S. 152 ff.; *Wolfgang Durner,* Neuausrichtung der Raumordnung in Bund und Ländern?, in: Wilfried Erbguth (Hrsg.),

Hierauf reagiert der Referentenentwurf für eine Neufassung des Raumordnungsgesetzes (GeROG) vom 22. Februar 2008.[61] Doch die Änderungen, die der Referentenentwurf für das Raumordnungsgesetz vorsieht, gehen weit über diesen Anlass hinaus. Sie betreffen insbesondere auch die Vernetzung von Umweltfach- und Gesamtplanungsrecht. Die zentrale Leitvorstellung des Raumordnungsgesetzes bleibt nach wie vor die »nachhaltige Raumentwicklung, die die sozialen und wirtschaftlichen Ansprüche an den Raum mit seinen ökologischen Funktionen in Einklang bringt« (§ 1 Abs. 2 Satz 1 ROG, § 1 Abs. 2 ROG-E). Damit weist sich das Raumordnungsgesetz selbst als das systematisch zentrale Planungsinstrument des Rechts der nachhaltigen Entwicklung aus. In der Ausdifferenzierung dieses Rechts einer nachhaltigen Raumentwicklung baut der Referentenentwurf zwar auf das gegenwärtig noch geltende Raumordnungsgesetz auf, entwickelt dieses jedoch in vier zentralen Punkten ganz entscheidend fort: erstens in der systematischen Ökologisierung der Grundsätze der Raumordnung; zweitens in der Gleichstellung der raumordnerischen Zusammenarbeit mit den Raumordnungsplänen und der Abstimmung raumbedeutsamer Planungen; drittens in der ausdrücklichen Regelung der Umweltprüfung; und viertens im Informations- und Wissensmanagement.

a. Grundsätze

Der Referentenentwurf stärkt die Stellung des Umweltschutzes und damit auch die Position einer nachhaltigen Wasserwirtschaft durch eine

---

Neues Städtebau- und Raumordnungsrecht – rechtliche Bewertung, Bedeutung für die Praxis –, 2007, S. 29 (39 ff.); *Wilfried Erbguth,* Städtebaurecht und Raumordnungsrecht im Wandel: Ökologisierung durch Europäisierung, Rechtsschutz, Föderalismusreform, NVwZ 2007, S. 985 (990); *ders.,* Zur Föderalismusreform im Bereich Umwelt, insbesondere Raumordnung, in: Jörn Ipsen/Bernhard Stüer (Hrsg.), Europa im Wandel. Festschrift für Hans-Werner Rengeling zum 70. Geburtstag am 25. Februar 2008, 2008, S. 35 ff.; *Willy Spannowsky,* Die Grenzen der Länderabweichungsbefugnis gem. Art. 72 Abs. 3 Nr. 4 GG im Bereich der Raumordnung, UPR 2007, S. 41 ff.; *Wilhelm Söfker,* Zum Entwurf eines Gesetzes zur Neufassung des Raumordnungsgesetzes (ReROG), UPR 2008, S. 161 ff.

61 Vgl. Referentenentwurf eines Gesetzes zur Neufassung des Raumordnungsgesetzes (GeROG), Stand 22. Februar 2008 (http://www.bmvbs.de/Anlage/original_1029680/Referentenentwurf-vom-22.02.2008.pdf), S. 36 f., 41, 51, zur Änderung der Gesetzgebungskompetenzen durch die Föderalismusreform 2006 sowie das föderale Abweichungsrecht der Länder; *Söfker* (FN 60), S. 161 f.

konsequente systematische ökologische Strukturierung der Grundsätze der Raumordnung.[62]

Zwar nimmt der Umweltschutz unter den Grundsätzen der Raumordnung bereits gegenwärtig eine zentrale Stellung ein. Doch er findet sich mehr oder weniger thematisch zufällig in § 2 Abs. 1 Nr. 1 (Allgemeiner Grundsatz), Nr. 3 (Freiraumstruktur), Nr. 5 (Verdichtung), Nr. 6 (Ländliche Räume), Nr. 7 (Strukturschwache Räume), Nr. 8 (Umwelt- und Naturschutz), Nr. 10 (Landwirtschaft), Nr. 12 (Erreichbarkeit) und Nr. 13 (Kulturlandschaften) ROG inkorporiert. Die übrigen Sachbereiche des § 2 Abs. 1 Nr. 2 (Dezentrale Siedlungsstruktur), Nr. 3 (Infrastruktur), Nr. 9 (Wirtschaftstruktur), Nr. 11 (Wohnbedarf), Nr. 14 (Erholung) und Nr. 15 (Verteidigung und Zivilschutz) ROG lassen keinen oder einen allein über die Freiraumstruktur vermittelten Bezug zum Umweltschutz erkennen.

Demgegenüber entwickelt § 2 ROG-E die Grundsätze der Raumordnung konsequent aus dem Grundsatz des dreidimensionalen Nachhaltigkeitsbegriffs (§ 1 Abs. 2 i.V.m. § 2 Abs. 1 ROG-E). Dazu werden alle zentralen Grundsätze der Raumordnung auch im Hinblick auf die ökologische Dimension des dreidimensionalen Nachhaltigkeitsverständnisses konkretisiert und vernetzt. Dies gilt für den allgemeinen Grundsatz (§ 2 Abs. 2 Nr. 1 Satz 1 ROG-E), für die Raum- und Siedlungsstruktur (§ 2 Abs. 2 Nr. 2 Sätze 4 und 5 ROG-E), für die Infrastruktur und den Verkehr (§ 2 Abs. 2 Nr. 3 UAbs. 2 Sätze 3 und 4 ROG-E), für die Wirtschaft (§ 2 Abs. 2 Nr. 4 UAbs. 1 Sätze 4 und 5 sowie UAbs. 2 ROG-E), für die Kulturlandschaften (§ 2 Abs. 2 Nr. 5 Sätze 2 und 4 ROG-E) und für die Umwelt und den Klimaschutz unter Einschluss des Gewässerschutzes und des Hochwasserrisikomanagements (§ 2 Abs. 2 Nr. 6 Satz 1 ROG-E). Allein zwei Grundsätze der Raumordnung werden insofern nicht im Hinblick auf die ökologische Schutzrichtung des dreidimensionalen Nachhaltigkeitsbegriffs konkretisiert: Der eine ist der Grundsatz des Zivilschutzes und der Verteidigung (§ 2 Abs. 2 Nr. 7 ROG-E), der traditionell seinen eigenen Rationalitäten folgt, ohne dadurch jedoch eine ökologische Nachhaltigkeitsdimension von vornherein auszuschließen. Der andere ist der neue Grundsatz der europäischen Zusammenarbeit (§ 2 Abs. 2 Nr. 8

62 Vgl. *Söfker* (FN 60), S. 164, zur systematischen Neufassung der Grundsätze der Raumordnung.

ROG-E). In seinem Fall ist jedoch die fehlende Konkretisierung der ökologischen Dimension der Nachhaltigkeit kein Mangel. Denn wie bereits oben gezeigt werden konnte, steuert die Politik des territorialen Zusammenhalts die grenzüberschreitende, interregionale und transnationale Zusammenarbeit selbst auf der Grundlage des weiten, dreidimensionalen Nachhaltigkeitsbegriffs.[63]

Der Mehrwert dieser Neugestaltung des § 2 ROG-E liegt also in einer systematischen Konkretisierung der ökologischen Dimension des dreigliedrigen Nachhaltigkeitsbegriffs in allen Grundsätzen der Raumordnung bis auf die zivile und militärische Verteidigung. Dadurch ist die Umwelt die einzige der drei Nachhaltigkeitsdimensionen, die sich konsequent in praktisch allen Grundsätzen der Raumordnung normativ reflektiert findet. Die Grundsätze der Raumordnung erhalten dadurch eine ökologische Struktur, die die ökologische Dimension der Nachhaltigkeit in der gesamtplanerischen Abwägung auf der mittleren normativen Konkretisierungsebene der raumordnerischen Grundsätze präsent hält. Auf diese Weise werden Umweltfachplanung und Raumordnung nachhaltig miteinander vernetzt. Der Gesamtplanung kann so bei keinem ihrer Grundsätze die ökologische Dimension aus dem normativen Gesichtsfeld geraten. Auf diese Weise findet auch das Wasserfachplanungsrecht sein Anliegen nicht nur in § 2 Abs. 2 Nr. 6 ROG-E, sondern auch in allen übrigen ökologisierten Grundsätzen der Raumordnung verankert.

b. Kooperation

Das zweite Instrument, das eine Vernetzung von Umweltfach- und Gesamtplanung fördert, ist die raumordnerische Zusammenarbeit. Schon im bisher geltenden Recht wird ihr bei der Verwirklichung von Raumordnungsplänen das Potenzial attestiert, die raumpolitischen Akteure zu vernetzen.[64] Dieses Vernetzungspotenzial baut der Referentenentwurf konsequent weiter aus: Dies geschieht zunächst dadurch, dass § 1 Abs. 1 Satz 1 ROG-E die raumordnerische Zusammenarbeit in ihrer Bedeutung für die Entwicklung, die Ordnung und die Sicherung des Gesamtraums der Bundesrepublik Deutschland mit den Raumordnungsplänen sowie der

63 Vgl. oben C.
64 Vgl. *Fürst* (FN 8), S. 21; *Knieling/Kunzmann* (FN 27), S. 706.

Abstimmung raumbedeutsamer Planungen gleichstellt. Dies soll – so die Begründung des Referentenentwurfs – »die raumordnerische Zusammenarbeit als weiteren großen Aufgabenbereich der Raumordnung hervorheben. Damit wird der Koordinierung mittels Kooperation erstmals auch im Gesetz – entsprechend der in der Praxis immer stärker werdenden Bedeutung – Rechnung getragen.«[65] Dieser Vernetzungsgrundsatz – »Koordination mittels Kooperation«[66] – wird im Referentenentwurf sodann normativ weiter ausdifferenziert:

aa. Kooperationsgrundsätze

Auf der Ebene der Grundsätze der Raumordnung wird die Bedeutung der Zusammenarbeit in der Raumentwicklung in zwei Bereichen unterstrichen:

Zum einen wird die zentrale Rolle der interkommunalen und regionalen Zusammenarbeit sowie von Stadt-Land-Partnerschaften für die Entwicklung der Raum- und Siedlungsstruktur betont (§ 2 Abs. 2 Nr. 2 Satz 3 ROG-E). Dies gilt insbesondere für die Gestaltung eines großräumig übergreifenden, ökologisch wirksamen Freiraumverbundsystems (§ 2 Abs. 2 Nr. 2 Satz 5 Halbsatz 2 ROG-E). Dabei weist die Begründung des Referentenentwurfs ausdrücklich auf die Ver- und Entsorgung im Wasser- und Abwasserbereich und damit auf die nachhaltige Wasserwirtschaft insgesamt als ein Kooperationsfeld hin.[67]

Zum anderen wird die europäische Zusammenarbeit, die nach der gegenwärtigen Rechtslage noch eine beispielhafte Konkretisierung der allgemeinen Leitvorstellung einer nachhaltigen Raumentwicklung darstellt (§ 1 Abs. 2 Satz 2 Nr. 8 ROG), in einen eigenständigen Grundsatz der Raumentwicklung überführt (§ 2 Abs. 2 Nr. 8 ROG-E).[68] Damit wird auf der Ebene der Grundsätze der Raumordnung das deutsche Planungssystem mit der europäischen Planungsebene verbunden.[69] Auf diese Weise gewinnt es über den auf Vernetzung angelegten Kooperationsgedanken auch den operativen Anschluss an die europäische Gesamtplanung, die im Rahmen

65 Referentenentwurf (FN 61), S. 43; vgl. auch ebd., S. 55; *Söfker* (FN 60), S. 164.
66 Referentenentwurf (FN 61), S. 57; *Söfker* (FN 60), S. 164.
67 Vgl. Referentenentwurf (FN 61), S. 45.
68 Vgl. Referentenentwurf (FN 61), S. 47 f.; vgl. *Söfker* (FN 60), S. 165.
69 Vgl. oben C.

der Regional- und Strukturförderung wiederum mit der Wasserfachplanung vernetzt ist.[70]

bb. Raumordnerische Zusammenarbeit

Des Weiteren wird die raumordnerische Zusammenarbeit im Rahmen der Neufassung des § 13 ROG weiter ausdifferenziert.[71] § 13 ROG-E will die raumordnerische Zusammenarbeit nicht nur wie bisher zur Verwirklichung von Raumordnungsplänen regeln, sondern umfassend ermöglichen. Dementsprechend soll der neue § 13 Abs. 1 Satz 1 wie folgt lauten: »Zur Vorbereitung oder Verwirklichung von Raumordnungsplänen oder von sonstigen raumbedeutsamen Planungen und Maßnahmen sollen die Träger der Landes- und Regionalplanung mit den hierfür maßgeblichen öffentlichen Stellen und Personen des Privatrechts einschließlich Nichtregierungsorganisationen und der Wirtschaft zusammenarbeiten oder auf die Zusammenarbeit dieser Stellen und Personen hinwirken.«

Ausweislich der Begründung des Referentenentwurfs sollen durch diese Neuregelung »die Möglichkeiten einer informellen Planung sowie eines raumordnerischen Zusammenwirkens von Regionen, Kommunen und Personen des Privatrechts erweitert«[72] werden. Wesentlich ist dabei, dass die Regelung auch eine raumordnerische Zusammenarbeit in einer rein privaten Akteurskonstellation ermöglicht. Die im bisherigen Recht bereits angelegte Raumordnung durch Private (§ 4 Abs. 1 Satz 2 Nr. 2, Abs. 3 und Abs. 4 ROG)[73] wird dadurch auf der Ebene der raumordnerischen Zusammenarbeit fortgesetzt und zugleich durch die Vernetzung dieser privaten Raumakteure im Sinn einer nachhaltigen territorialen Governance integriert. Ganz entsprechend der oben bereits angedeuteten Ausdifferenzierung der Planungstypen im Rahmen der Entwicklung von territorialer Governance bietet § 13 Abs. 2 ROG-E beispielhaft rechtsverbindliche,

70 Vgl. oben C.II.2.

71 Vgl. *Söfker* (FN 60), S. 164; *Battis* (FN 22), S. 46, zum bisherigen Vernetzungspotenzial des § 13 ROG.

72 Referentenentwurf (FN 61), S. 36; vgl. *Söfker* (FN 60), S. 164.

73 Vgl. *Battis* (FN 57), S. 313 ff.; *ders.* (FN 22), S. 33 f., 43 f.; umfassend *Margarete Spiecker,* Raumordnung durch Private. Die Bindungswirkungen der Ziele und Grundsätze der Raumordnung bei Zulassungsentscheidungen über private Vorhaben. Zugleich ein Beitrag zur raumordnerischen Steuerung von Kiesabgrabungen, 1999.

informelle und informative Instrumente an, um Netzwerk- und Kooperationsstrukturen im Interesse einer nachhaltigen Raumentwicklung zu bilden.

Der Begründung des Referentenentwurfs zufolge soll durch diese Ausdifferenzierung der raumordnerischen Zusammenarbeit »die Raumordnung im Ergebnis auch gegenüber der Fachplanung gestärkt werden.«[74] Diese Zielsetzung ist jedoch nicht in einem adversativen Sinn zu verstehen. In der historischen Perspektive sind die »starken« Fachplanungen traditionell der »schwachen« Raumordnung überlegen.[75] Im Rahmen der auf Vernetzung setzenden Praxis einer europäisch integrierten territorialen Governance gewinnt aber die Gesamtplanung notwendigerweise an Bedeutung, da sie nach Maßgabe des weiten Nachhaltigkeitsbegriffs instrumentell auf kooperative und kommunikative Netzwerkbildung spezialisiert ist. Die quantitative wie qualitative Ausdifferenzierung der raumordnerischen Zusammenarbeit stärkt die Raumordnung also nicht gegenüber, sondern *im* Dialog mit der Fachplanung. Dies schlägt sich auch in den von § 13 Abs. 2 Satz 1 ROG-E beispielhaft konturierten Formen der Zusammenarbeit nieder: So soll sich die raumordnerische Zusammenarbeit auf die Durchführung einer Raumbeobachtung und Bereitstellung der Ergebnisse für regionale und kommunale Träger sowie für Träger der Fachplanung im Hinblick auf raumbedeutsame Planungen und Maßnahmen, sowie Beratung dieser Träger beziehen (§ 13 Abs. 2 Satz 1 Nr. 3 ROG-E). Diese Raumbeobachtung betrifft die Raumdaten des Hochwasserrisikomanagements ebenso wie die der allgemeinen Wasserwirtschaftsplanung.

c. *Umweltprüfung*

Die strategische Umweltprüfung[76] ist ein weiteres zentrales Instrument für die »Überformung von Gesamt- und Fachplanungen«[77]. *Kurt Faßbender* hat dies für die Vernetzung von Wasserfach- und Gesamtplanung ausführlich begründet.[78]

---

74 Referentenentwurf (FN 61), S. 57 f.

75 Vgl. *Schmidt-Aßmann* (FN 3), S. 2; *Fürst* (FN 8), S. 18.

76 Vgl. zur strategischen Umweltprüfung *Bernhard Stüer,* Europarecht in der Fachplanung, in: Ipsen/Stüer (FN 60), S. 459 ff.

77 Vgl. *Köck* (FN 9), § 37, Rn. 7.

78 Vgl. *Faßbender* (FN 1), S. 1131; zurückhaltend *Gärditz* (FN 19), S. 223 f.

Im Gegensatz zum noch geltenden § 7 Abs. 5 ROG gestaltet der Referentenentwurf die Umweltprüfung nun selbstständig im Raumordnungsgesetz aus: Bei der Aufstellung von Raumordnungsplänen ist eine Umweltprüfung durchzuführen (§ 9 Abs. 1 Satz 1 ROG-E).[79] Dabei sind die voraussichtlichen Auswirkungen des Raumordnungsplans auf erstens Menschen, Tiere, Pflanzen und die biologische Vielfalt, zweitens Boden, Wasser, Luft, Klima und Landschaft, drittens Kultur- und sonstige Sachgüter sowie viertens die Wechselwirkung zwischen den vorgenannten Schutzgütern zu ermitteln und in einem Umweltbericht frühzeitig zu beschreiben und zu bewerten (§ 9 Abs. 1 Satz 2 Halbsatz 1 ROG-E). Betrachtet man die Umweltprüfung und den Umweltbericht als Teil des Rechts der nachhaltigen Entwicklung, so liegt die Forderung *Michael Krautzbergers* nahe, die Umweltprüfung zu einer Nachhaltigkeitsprüfung fortzuentwickeln.[80] Diese Weiterentwicklung der Umwelt- zur Nachhaltigkeitsprüfung ist ebenfalls in dem dynamischen Spannungsverhältnis zwischen dem engen und dem weiten Nachhaltigkeitsbegriff angelegt:[81] Die Umweltprüfung folgt dem engen ökologischen Nachhaltigkeitsbegriff. Die Gesamtplanung ist dem weiten Nachhaltigkeitsverständnis verpflichtet, nach dem die sozialen, ökonomischen und ökologischen Ansprüche an den Raum in die planerische Abwägung einzustellen sind. Dies legt nahe, nicht nur die ökologischen, sondern auch die sozialen und ökonomischen Folgen von Planung in einer zur Nachhaltigkeitsprüfung weiterentwickelten Umweltprüfung zu reflektieren. Eine solche Nachhaltigkeitsprüfung kann optimal fach- und gesamtplanerische Belange vernetzen.

d. Informations- und Wissensmanagement

Das Informations- und Wissensmanagement ist – angesichts der »kommunikativen Wende der Planung«[82] – ein weiterer zentraler Baustein für eine

79 Vgl. *Söfker* (FN 60), S. 166 f.

80 Vgl. *Michael Krautzberger,* Auswirkungen der EU-Politik auf Raumordnung und Städtebau in Deutschland, in: Stephan Mitschang (Hrsg.), Stadt- und Regionalplanung vor neuen Herausforderungen, 2007, S. 1 (12, 14); *Kersten* (FN 5).

81 Vgl. oben B.I.

82 *Ernst-Hasso Ritter,* Strategieentwicklung heute – Zum integrativen Management konzeptioneller Politik (am Beispiel der Stadtentwicklungsplanung), in: Klaus Selle (Hrsg.), Zur räumlichen Entwicklung beitragen: Konzepte, Theorien, Impulse, 2006, S. 129 (132 f.); *Köck* (FN 9) § 37, Rn. 5.

effektive Vernetzung von Fach- und Gesamtplanung. Ein vernetztes Mehrebenenplanungssystem, das die sozialen, ökonomischen und ökologischen Ansprüche an den Raum abzuwägen hat, ist in einer pluralistischen Dienstleistungs- und Wissensgesellschaft auf ein Informations- und Wissensmanagement angewiesen: Integriertes soziales, ökonomisches und ökologisches Wissen ist erstens die Grundlage für eine nachhaltige Raumentwicklung.[83] Es ist zweitens die Voraussetzung für eine effektive Umsetzung von raumordnerischen Plänen und raumordnerischer Zusammenarbeit. Und es sorgt drittens für deren gesellschaftliche Akzeptanz.

Die Formel »Governance von und durch Wissen«[84] bringt dabei das gegenbezügliche Verständnis von Governance und Wissen auf einen angemessen komplexen Begriff: Territoriale Governance-Netzstrukturen können sich nur auf der Grundlage von integriertem Umwelt- und Raumwissen entwickeln. Dieses integrierte Umwelt- und Raumwissen lässt sich aber aufgrund seiner Komplexität wiederum nur in vernetzten Wissensstrukturen gewinnen.

Die Institutionalisierung von ESPON[85] ist auf europäischer Ebene ein Beispiel für territoriale Governance von und durch Wissen. Aber auch der Referentenentwurf für eine Neufassung des Raumordnungsgesetzes 2008 entwickelt die Koordinations- und Regelungsstrukturen eines solchen Wissensnetzes, das die Umweltfach- und die Gesamtplanung – und damit auch das Wasserfachplanungsrecht und die Raumordnung – miteinander verbindet. Bausteine dieser »Smart Governance«[86] sind die bereits gewürdigte raumordnerische Zusammenarbeit in der Raumbeobachtung (§ 13 Abs. 2 Satz 1 Nr. 3 ROG-E)[87] und die Umweltprüfung (§ 9 ROG-E). Darüber hinaus wird dem Bundesamt für Bauwesen und Raumordnung

---

83 Vgl. *Hermes* (FN 3), Sp. 1794; vgl. grds. *Martin Eifert,* Das Verwaltungsrecht zwischen klassischem dogmatischen Verständnis und steuerungswissenschaftlichem Anspruch, VVDStRL 67 (2008), S. 286 (325 ff.), aus steuerungstheoretischer Perspektive.

84 Vgl. *Gunnar Folke Schuppert/Andreas Voßkuhle* (Hrsg.), Governance von und durch Wissen, 2008; *Florian Meinel,* Bericht zur Tagung »Governance von und durch Wissen«, Wissenschaftszentrum Berlin für Sozialforschung, 7./8. Juni 2007, DVBl. 2007, S. 1287 f.

85 Vgl. oben B.II.2.

86 Vgl. zum Begriff *Helmut Willke,* Smart Governance. Governing the Global Knowledge Society, 2007.

87 Vgl. oben D.II.2.b.bb.

(BBR) die Aufgabe zugeordnet, ein Informationssystem zur räumlichen Entwicklung im Bundesgebiet und in den angrenzenden Gebieten zu führen (§ 25 Abs. 1 ROG-E). Schließlich spielt die Öffentlichkeitsbeteiligung bei der Aufstellung von Raumordnungsplänen (§ 10 Abs. 1 Satz 1 ROG-E) sowie im Raumordnungsverfahren (§ 15 Abs. 3 Satz 3 ROG-E) eine ganz zentrale Rolle, da sie zu allen drei Funktionen des effektiven Wissensmanagements im Rahmen von territorialer Governance beiträgt:[88] Sie erweitet den planerischen Wissenshorizont, sie legt die Grundlage für eine effektive Umsetzung der raumordnerischen Maßnahmen, und sie steigert zugleich deren gesellschaftliche Akzeptanz.[89]

D. Governance als Planungsparadigma

Wasserfachplanung und Raumordnung – allgemeiner: Umweltfach- und Gesamtplanung – werden durch territoriale Governance miteinander vernetzt. Dabei ist »Governance« sicherlich ein vielfältig verwendeter Begriff,[90] sodass ihm die Verwaltungsrechtswissenschaft teilweise reserviert gegenübersteht.[91] Um dieser Skepsis gerecht zu werden, gilt es im Folgenden vier Fragen zu beantworten: Erstens: Was ist Governance? Zweitens: In welchem Verhältnis stehen Planung und Governance? Drittens: Welche Bedeutung entfaltet Governance für die planungsrechtliche

88 Vgl. grds. *Ulrich Battis,* Partizipation im Städtebaurecht, 1976, S. 43 ff.; *ders.,* Verwaltungsrecht (FN 8), S. 267 f.

89 Vgl. *Gärditz* (FN 19), S. 232 f.; ferner für den hohen Stellenwert, den Art. 14 WRRL der Öffentlichkeitsbeteiligung zumisst *Knopp* (FN 21), S. 378 f.; *Heide Jekel,* Einbindung der Öffentlichkeit bei der Umsetzung der WRRL, in: Rumm/v.Keitz/Schmalholz (FN 33), S. 81 ff.

90 Vgl. *Ivo Appel,* Das Verwaltungsrecht zwischen klassischem dogmatischen Verständnis und steuerungswissenschaftlichem Anspruch, VVDStRL 67 (2008), S. 226 (245 f.); für einen Überblick zu Begriffsgeschichte und Begriffsvielfalt *Julia von Blumenthal,* Governance – eine kritische Zwischenbilanz, ZPol 15 (2006), S. 1149 ff.; *Gunnar Folke Schuppert,* Governance im Spiegel der Wissenschaftsdisziplinen, in: ders. (Hrsg.), Governance-Forschung, 2. Aufl. 2006, S. 371 ff.; *Arthur Benz* (Hrsg.), Governance – Regieren in komplexen Regelungssystemen. Eine Einführung, 2004; *ders./Susanne Lütz/Uwe Schimank/Georg Simonis* (Hrsg.), Handbuch Governance. Theoretische Grundlagen und empirische Anwendungsfelder, 2007.

91 Vgl. etwa krit. *Andreas Voßkuhle,* Neue Verwaltungswissenschaft, in: Hoffmann-Riem/Schmidt-Aßmann/Voßkuhle (Hrsg.), Grundlagen des Verwaltungsrechts, 1. Band, 2006, § 1 Rn. 21, 68; *Pitschas,* Diskussionsbeitrag, VVDStRL 67 (2008), S. 342.

Systematik? Und viertens: Wie wirkt Governance auf die Verwaltungsrechtsdogmatik im Allgemeinen und die Planungsrechtsdogmatik im Besonderen?

I. Governance

In der Governance-Forschung haben sich ein weiter und ein enger Governance-Begriff herausgebildet.[92]

a. Weiter Governance-Begriff

Der weite Governance-Begriff knüpft an die begriffsgeschichtliche Wurzel an: *gubernare* – die Lenkung des Staatsschiffs als Metapher für die Ausübung öffentlicher Herrschaft und Gewalt.[93] Die Verwendung des Governance-Begriffs durch die Weltbank steht in dieser Tradition einer Lehre der guten Regierung, die nach der klugen Verfassung von Staat und Gesellschaft fragt:[94] Politische Partizipation, gesellschaftlicher Pluralismus, Rechtsstaatlichkeit, Marktwirtschaft und gute Verwaltung – *Good Governance*.

Die wissenschaftliche Diskussion hat diesen weiten Governance-Begriff analytisch aufgegriffen. D.h., sie hat ihn von seinen normativen Einkleidungen befreit.[95] *Renate Mayntz* definiert den weiten, analytischen Governance-Begriff als das »Gesamt aller nebeneinander bestehenden Formen der kollektiven Regelung gesellschaftlicher Sachverhalte, von der institutionalisierten gesellschaftlichen Selbstregelung über verschiedene Formen des Zusammenwirkens staatlicher und privater Akteure bis zu hoheitlichem Handeln staatlicher Akteure.«[96] Damit umfasst dieser weite Governance-

92 Vgl. zur Unterscheidung zwischen einem engen und einem weiten Governance-Begriff *Gunnar Folke Schuppert,* Was ist und wozu Governance?, Die Verwaltung 40 (2007), S. 463 (467 ff.).

93 Vgl. *Michel Foucault,* Geschichte der Gouvernementalität I. Sicherheit, Territorium, Bevölkerung, Vorlesungen am Collège de France 1977-1978, 2004, S. 146 f.

94 Vgl. hierzu und zum Folgenden www.worldbank.org/html/extdr/gc/governance/governance.htm; hierzu *Christoph Möllers,* European Governance: Meaning and Value of a Concept, CMLR 2006, S. 313 (314 ff.).

95 Vgl. *Schuppert* (FN 92), S. 473 ff., bes. 482.

96 *Renate Mayntz,* Governance im modernen Staat, in: Benz (FN 90), S. 65 (66); vgl. auch *Schuppert* (FN 92), S. 470.

Begriff die wissenschaftliche Analyse des gesamten politischen Lebens. Er beschreibt insbesondere die Transformationsprozesse von Staatlichkeit,[97] die anhand der vier Governance-Modi Hierarchie, Verhandlung, Netzwerk und Wettbewerb rekonstruiert werden.[98]

Dieser weite Governance-Begriff kann von der Allgemeinen Staats- und Verwaltungslehre rezipiert werden. Doch ihm fehlt die spezifische Prägnanz, um ihn in die Verwaltungsrechtswissenschaft einzuführen. Dies ist jedoch möglich, wenn man den Governance-Begriff enger fasst.

b. Enger Governance-Begriff

Der enge Governance-Begriff versteht unter Governance Regelungs-[99] bzw. Koordinationsstrukturen,[100] die sich nicht von einem Zentrum her analysieren und bewerten lassen.[101] In diesen Netzstrukturen kann der Staat je nach Einzelfall noch eine wichtige, keinesfalls aber mehr eine zentrale Stellung für sich beanspruchen.

---

97 *Gunnar Folke Schuppert* (FN 92), S. 499, beschreibt diesen Transformationsprozess als Ko-Produktion von Staatlichkeit durch Governance: Ko-Produktion von Staatlichkeit meint »die arbeitsteilige, kooperativ erbrachte Bereitstellung von Dienstleistungen und Gütern, deren Erbringung wir normalerweise vom Staat erwarten, also von Sicherheit im weiteren Sinne, von Bereitstellung von Konfliktlösungsmechanismen, von einer Grundausstattung mit Infrastruktur etc.«

98 Vgl. *Schuppert* (FN 90), S. 420 ff.; *ders.* (FN 92), S. 491 ff.; *Hans-Heinrich Trute/Doris Kühlers/Arne Pilniok,* Rechtswissenschaftliche Perspektive, in: Benz/Lütz/Schimank/Simonis (FN 90), S. 248 ff.

99 Vgl. *Trute/Kühlers/Pilniok* (FN 98), S. 245: »Das Konzept der Regelungsstruktur dient als analytischer Rahmen, innerhalb dessen Wirkungszusammenhänge, Substitutions- und Ergänzungsverhältnisse zwischen Handlungsmaßstäben, Akteuren und Instrumenten thematisierbar werden. Er umfasst also die für die Regelung eines bestimmten Sachbereichs wichtigen Regelungsinstanzen, Maßstäbe, Formen und Instrumente.«; bereits *ders./Wolfgang Denkhaus/Doris Kühlers,* Governance in der Verwaltungsrechtswissenschaft, Die Verwaltung 37 (2004), S. 241 (457 ff.); *Schuppert* (FN 90), S. 374; *ders.* (FN 92), S. 482; *ders.,* Diskussionsbeitrag, VVDStRL 67 (2008), S. 336 (337).

100 *Schuppert* (FN 92), S. 483 ff., 488: »Grundmelodie von ›Governance als Koordination‹«, 499, 509.

101 Vgl. *Hans-Heinrich Trute/Wolfgang Denkhaus/Doris Kühlers* (FN 99), S. 462; *Claudio Franzius,* Governance und Regelungsstrukturen, VerwArch 97 (2006), S. 186 (188, 197).

Diese Kontur des engen Governance-Begriffs spiegelt sich im Paradigmenwechsel von Steuerung zu Governance, der sich in der allgemeinen sozial- und politikwissenschaftlichen Theoriebildung vollzogen hat: Steuerung beruht ihrem klassischen Verständnis nach auf der Annahme, dass ein Steuerungssubjekt mittels Steuerungsinstrumenten auf ein Steuerungsobjekt vielleicht keinen kausal-linearen, wohl aber einen zurechenbaren Einfluss nehmen kann. Dieses Steuerungsmodell bildet jedoch die Realität des öffentlichen Rechts in den Konstellationen nicht mehr ab, in denen Akteure in Netzstrukturen agieren, die eine klare Unterscheidung von Steuerungssubjekt und Steuerungsobjekt nicht (mehr) erlauben und (deshalb) eine unmittelbare Zurechnung von Steuerungsinstrumenten zu einem Steuerungserfolg nicht mehr ermöglichen.[102] In Netzwerkstrukturen stellt sich mit der Frage »Wer steuert wen?« zugleich die Frage nach den Grenzen des tradierten Steuerungsmodells. An diesem Punkt der verwaltungswissenschaftlichen Diskussion hat *Renate Mayntz* einen Perspektivwechsel von Steuerung zu Governance vorgeschlagen.[103] Governance fokussiert nicht mehr auf die finale Steuerung von Akteuren, sondern analysiert institutionelle Regelungs- bzw. Koordinationsstrukturen, in deren Rahmen Akteure agieren.[104]

Governance beschreibt die institutionelle Regelungsarchitektur dieser Netzkonstellationen. Bei der Analyse dieser institutionellen Koordinationsstrukturen wäre es nun aber verfehlt, deren Akteure auszublenden.[105] Ein solcher Abschied vom Akteur mag sich in einigen Beiträgen zur Governance-Forschung jedenfalls andeuten, die eine Entwicklungslinie von der »akteurzentrierten Steuerungstheorie« zu einem institutionellen, auf Rege-

---

102 Vgl. hierzu und zum Folgenden *Trute/Kühlers/Pilniok* (FN 98), S. 240 ff.; *Franzius* (FN 101), S. 199, 201; zu den normativen Beschreibungsverlusten und Beschreibungsgewinnen von Netzwerkstrukturen *Christoph Möllers,* Netzwerke als Kategorie des Organisationsrechts – Zur juristischen Beschreibung dezentraler Steuerung –, in: Janbernd Oebbecke (Hrsg.), Nicht-normative Steuerung in dezentralen Systemen, 2005, S. 285 (295 ff.).

103 Vgl. *Renate Mayntz,* Governance Theory als fortentwickelte Steuerungstheorie?, in: Schuppert, Governance-Forschung (FN 90), S. 11 ff.; *dies.* (FN 96), S. 66 ff.

104 Vgl. hierzu und zum Folgenden *Schuppert* (FN 90), S. 375 ff., 380 ff.; *ders.* (FN 92), S. 485 ff., 489 ff., 511; *ders.* (FN 99), S. 337; *Trute/Kühlers/Pilniok* (FN 98), S. 245 ff.

105 Vgl. *Schuppert* (FN 92), S. 506 f.; *ders.* (FN 7), S. 102 ff.

lungsstrukturen bezogenen Governance-Ansatz ziehen.[106] Doch die Verwaltungsrechtswissenschaft – ja die Rechtswissenschaft überhaupt – ist eine Akteurswissenschaft. Sie fokussiert auf Handlungen und löst damit einhergehende Interessenkonflikte. Angesichts dessen sind interdisziplinäre Theorieangebote, die den Akteur ausblenden, rechtswissenschaftlich nicht anschlussfähig.

Deshalb führt auch der Paradigmenwechsel von der Steuerungs- zur Governance-Perspektive nicht zu einem Abschied vom Akteur, sondern verschiebt das wissenschaftliche Interesse von finalen Steuerungsinstrumenten zu institutionellen Regelungsstrukturen. *Schuppert* spricht insofern von Governance als einer »geglückten Verbindung der Akteurs- und Institutionenperspektive«[107]. Aus soziologischer, politikwissenschaftlicher wie juristischer Sicht bleibt der Akteur aufgrund von drei Gründen auch für (territoriale) Governance wichtig: Erstens bringen Akteure ihre eigene Legitimation in das Netzwerk ein und erlauben damit eine Diskussion der demokratischen Legitimation der konkreten Netzstrukturen. Zweitens engagieren sich Akteure mit ihrer jeweils eigenen normativen Konstitution in Netzwerken und ermöglichen damit eine Analyse des Einflusses rechtlicher Akteursbindungen auf das konkrete Netzwerk.[108] Dies spielt vor allem bei der Bewertung des Engagements öffentlicher Akteure, die an Grundrechte gebunden und auf das Gemeinwohl verpflichtet sind, in Netzstrukturen eine zentrale Rolle. Und drittens gestattet nur ein Blick auf die Akteure, die in einem Netzwerk kooperieren, eine Thematisierung ihrer widersprüchlichen Interessenlagen, die in den konkreten Netzstrukturen rechtlich auszugleichen sind. Dies ist vor allem auch deswegen wichtig, weil Governance-Netzwerke – im Gegensatz zu manch idealisierter Be-

---

106 Vgl. in diesem Sinn wohl *Franzius* (FN 101), S. 199; *Appel* (FN 90), S. 364, allerdings mit der Einschränkung, dass Governance nicht gegen die Akteursperspektive ausgespielt werden sollte; zu Recht krit. *Pitschas* (FN 91), S. 342, zu einer Aufgabe des Akteursbezugs in der Governance-Theorie.

107 *Schuppert* (FN 92), S. 506; vgl. auch *ders.*, ebd., S. 462: »Koordination der Handlungsbeiträge staatlicher und nichtstaatlicher Akteure in und durch Regelungsstrukturen.«; vgl. auch für eine Verbindung von Akteurs- und Institutionenperspektive *Trute/Denkhaus/Kühlers* (FN 99), S. 468 ff.; *ders./Kühlers/Pilniok* (FN 98), S. 245 ff.

108 Vgl. hierzu und zum Folgenden *Jens Kersten/Florian Meinel*, Grundrechte in privatisierten öffentlichen Räumen, JZ 2007, S. 1127 ff.

schreibung »zwangloser Vernetzung«[109] – kein Ort der Harmonie sind: Strukturell besitzen sie zwar kein Zentrum. Doch dies heißt nicht, dass es in Kooperationsnetzen keine Interessengegensätze, keine Machtasymmetrien und keine Hierarchien gibt.[110] Akteure können in Netzwerken untereinander und damit eben auch gegeneinander koalieren. Netzwerke sind nicht notwendigerweise linear geknüpft. Sie eröffnen damit auch Akteuren unterschiedliche Netzwege, um ihre Interessen zu verfolgen und durchzusetzen.[111]

II. Governance und Planung

Schuppert hat den Weg »von Planung über Steuerung zu Governance« programmatisch vorgezeichnet.[112] Doch dieser Weg ist nicht unumstritten, da die Verwaltungsrechtswissenschaft derzeit tief methodologisch gespalten ist. Die Staatsrechtslehrertagung 2007 in Freiburg hat dies sehr deutlich gezeigt. Hier referierten *Ivo Appel* und *Martin Eifert* über »Das Verwaltungsrecht zwischen klassischem dogmatischen Verständnis und steuerungswissenschaftlichem Anspruch«[113]. In der sich anschließenden kontroversen Diskussion wurde der steuerungswissenschaftliche Ansatz teilweise harsch kritisiert,[114] teilweise nachhaltig favorisiert.[115] Auch die Planung war Gegenstand dieser Debatte: Das Planungsrecht sei – so die Argumentation von *Joachim Lege* und *Kay Waechter* – Ausdruck eines steuerungstheoretischen Ansatzes und in seiner praktischen Steuerungswirkung sehr begrenzt.[116]

---

109 Vgl. zu solchen Idealisierungen *Dietrich Fürst,* Netzwerke, in: Akademie (FN 3), S. 710; *Arthur Benz,* Governance, ebd., S. 404 (405).

110 Vgl. *Möllers* (FN 102), S. 295.

111 Vgl. zu Bypass-Möglichkeiten in Netzstrukturen *Möllers* (FN 94), S. 329 ff.

112 Vgl. oben FN 7.

113 Vgl. *Appel* (FN 90); *Eifert* (FN 83).

114 Vgl. *Oliver Lepsius,* Steuerungsdiskussion, Systemtheorie und Parlamentarismuskritik, 1999, passim, S. 10 ff.; *ders.,* VVDStRL 67 (2008), S. 349 (350); *Wolfgang Durner,* Diskussionsbeitrag, ebd., S. 355: »Blutarmut der neuen Steuerungswissenschaft«.

115 Vgl. hierzu und zum Folgenden *Appel* (FN 90), S. 241 ff.; *Eifert* (FN 83), S. 293 ff.; *Wolfang Kahl,* Diskussionsbeitrag, VVDStRL 67 (2008), S. 335; grds. *Voßkuhle* (FN 91), § 1 Rn. 22 ff.

116 Vgl. zu Recht krit. *Joachim Lege,* VVDStRL 67 (2008), S. 344 (345); *Kay Waechter,* ebd., S. 345 (347).

Diese Planungskritik lässt sich sicherlich nicht generalisieren. Richtig an der von *Lege* und *Waechter* geübten Kritik ist jedoch, dass sich aufgrund der eingangs dargestellten gesellschaftlichen Entwicklung der Bundesrepublik zu einer pluralistischen, europäisch integrierten Wissens- und Dienstleistungsgesellschaft die sozialen, ökologischen und ökonomischen Bedingungen für Planung geändert haben. Die Folgen dieses Strukturwandels der Öffentlichkeit für die Planung haben *Dietrich Fürst* und *Ernst-Hasso Ritter* beschrieben: Erstens muss sich Planung heute in hochkomplexen Handlungsfeldern beweisen, in denen nur noch sehr eingeschränkt kausallineare Handlungsketten auszumachen sind. Zweitens muss Planung heute über Instrumente verfügen, die langfristige Planmäßigkeit mit kurzfristiger Flexibilität kombinieren. Und drittens – so ließe sich die Analyse von *Fürst* und *Ritter* ergänzen – muss Planung heute neue gesellschaftliche Routinen begründen:[117] Die überkommenen planerischen Gewiss- und Gewohnheiten des Wohlfahrtsstaats beziehen sich auf die Bundesrepublik als eine klassisch homogene Industriegesellschaft. So verliert beispielhaft das auf soziale Symmetrie setzende Leitbild der Gleichwertigkeit der Lebensverhältnisse angesichts des demographischen Wandels zunehmend seine normative Steuerungskraft.[118] Es sollte durch das neue europarechtlich inspirierte Leitbild des sozialen, wirtschaftlichen und territorialen Zusammenhalts ersetzt werden.[119] Dieses ist in der Lage mit den sozialen, wirtschaftlichen und ökologischen Asymmetrien konstruktiv umzugehen, da es auf eine institutionelle Vernetzung der öffentlichen und privaten Raumakteure auf kommunaler, regionaler, nationaler und europäischer Ebene und folglich auf territoriale Governance setzt, um eine nachhaltige Raumentwicklung zu garantieren.

Damit sind Komplexität, Flexibilität und Asymmetrie die gegenwärtig zentralen Herausforderungen für die Planung. Um diese Herausforderungen anzunehmen, kann die Planung nicht allein auf den direkt-kausalen

---

117 Vgl. hierzu und zum Folgenden *Fürst/Ritter* (FN 3), S. 767 ff.; *Fürst* (FN 109), S. 710.

118 Ungeachtet räumt § 1 Abs. 2 ROG-E den gleichwertigen Lebensverhältnissen eine zentrale Stellung in der raumordnerischen Leitvorstellung ein.

119 Vgl. hierzu und zum Folgenden *Jens Kersten,* Demographie als Verwaltungsaufgabe, Die Verwaltung 40 (2007), S. 309 (333 ff.); *ders.,* Mindestgewährleistungen im Infrastrukturrecht, IzR 2008, S. 1 (3 ff.).

Steuerungsansatz formeller Planung vertrauen.[120] Das Europäische Parlament hat dies in seinen Empfehlungen für die Ausarbeitung eines Aktionsprogramms für räumliche Entwicklung und territoriale Kohäsion im Rahmen des Follow-up-Prozesses zur TAEU und zur LC im Hinblick auf den planerischen Paradigmenwechsel zu territorialer Governance wie folgt reflektiert: »The territorial impact of EU policies in areas such as transport, energy or environment should be addressed and regarded as a coherent whole. In the same way, decisions taken at regional and local levels should be consistent with national and European principles regarding as sustainable development within the Union. Coordination between EU and national/ regional policies is a challenge for governance at all levels and all can be sure of is that any apparently clear cut (simple) solution, be it to-down or bottom-up is deemed to fail.«[121]

Auf diese Weise nimmt die Planung Abschied von ihrem tradierten »Gottvater-Modell«.[122] Sie differenziert Netz- und damit Governance-Strukturen aus, um eine geordnete räumliche Entwicklung der Gesellschaft sicherstellen zu können.[123] Ganz in diesem Sinn haben denn auch *Schuppert*[124] und *Appel*[125] auf der Freiburger Staatsrechtslehrertagung zu Recht darauf hingewiesen, dass die Steuerungsdebatte durch die normative Entfaltung des Governance-Paradigmas ein-, wenn nicht sogar überholt worden ist.

III. Systematik

Territoriale Governance ist ein verwaltungsrechtswissenschaftlicher Schlüsselbegriff. Verwaltungsrechtswissenschaftliche Schlüsselbegriffe – wie Daseinsvorsorge, Kooperation, Privatisierung, Regulierung, Verantwortungsteilung, Steuerung und eben auch Governance – gehen nicht vom Rechtssatz aus, sondern von einem in der Realität wahrgenommenen Phänomen, für das sie einen systematischen Lösungsansatz entwickeln

---

120 Vgl. *Hermes* (FN 3), Sp. 1794.
121 *Europäisches Parlament* (FN 4), S. VI; vgl. ferner *dass.*, ebd., S. 22 ff.
122 *Fürst* (FN 8), S. 16.
123 Vgl. *Fürst* (FN 8), S. 16; *ders./Ritter* (FN 3), S. 767 ff.
124 Vgl. *Schuppert* (FN 99), S. 336 f.
125 Vgl. *Appel* (FN 90), S. 245 f., 363 f.

wollen.[126] Als verwaltungsrechtswissenschaftlicher Schlüsselbegriff ist territoriale Governance also ein Kompaktbegriff. Er systematisiert die unterschiedlichen Handlungsoptionen und Handlungsinstrumente, die der Verwaltung für die Ordnung, Sicherung und Entwicklung des kommunalen, regionalen, nationalen und europäischen Raums zur Verfügung stehen.

Für die nähere Kontur dieser Systematisierungsleistung kommt es ganz entscheidend auf die normativen Anforderungen an, die man an den Systembegriff stellt. Der phänomenologische Begriff des »Planungssystems« typisiert Planung umfassend. »Der Begriff ›Planungssystem‹«, so wiederum *Fürst* und *Ritter,* »umfasst die auf eine bestimmte Aufgabe (z.B. Raumordnung) bezogene Institutionalisierung der Planung (rechtliche Grundlagen, Aufbau- und Ablauforganisation der Planung), die dafür relevanten Planarten und deren Arbeitsteilung, die Instrumente und systemspezifischen Methoden der Planung sowie die ›Planungsinfrastruktur‹ (Ausbildungsgänge, Publikationsorgane, Professionellen-Vereinigungen).«[127]

Der rechtliche Begriff des »Planungssystems« ist enger zu fassen. Er konzentriert sich auf die Koordination von Planungsinstrumenten. In diesem Zusammenhang hat *Eberhard Schmidt-Aßmann* bereits in den 1970er Jahren darauf hingewiesen, »daß wir in der Bundesrepublik Deutschland ein abstrakt konstruiertes, umfassendes System der Raumplanung ebensowenig besitzen wie ein allgemeines Planungs- oder Entwicklungsplanungssystem.«[128] Damit grenzt *Schmidt-Aßmann* den planungsrechtlichen Systembegriff von zivil- oder strafrechtlichen Systembegriffen ab, die in den methodologischen Traditionen des 19. Jahrhunderts auf einen im Vergleich zum öffentlichen Recht höheren normativen Dichtegrad verpflichtet sind. Planung ist Gestaltung oder – vice versa – in der klassischen Formulierung des Bundesverwaltungsgerichts: Planung ohne Gestaltungsspielraum wäre ein Widerspruch in sich.[129] Es geht der planungsrechtlichen Systembildung damit nicht um eine normative

126 Vgl. hierzu und zum Folgenden *Andreas Voßkuhle,* Schlüsselbegriffe der Verwaltungsrechtsreform, Verwaltungsarchiv 92 (2001), S. 184 ff.; *ders.,* Diskussionsbeitrag, VVDStRL 67 (2008), S. 343; *ders.* (FN 91), § 1, Rn. 40 ff.

127 *Fürst/Ritter* (FN 3), S. 767.

128 *Schmidt-Aßmann* (FN 3), S. 2; vgl. bereits *ders.,* Planung unter dem Grundgesetz, DÖV 1974, S. 541 (542, 546 Fn. 36 a.E.); sodann *ders.* (FN 12), S. 174; *ders.,* Planungsrecht (FN 11), S. 783 (785).

129 Vgl. BVerwG 34, 301 (304); 48, 56 (59); ferner *Köck* (FN 9), § 37, Rn. 92.

»Vollsynchronisierung der einzelnen Planungsträger«[130]. Dieser planerische Gestaltungsspielraum darf nicht durch zu enge rechtliche Koordination konterkariert, sondern muss durch die normative Vernetzung von privaten und öffentlichen Raumakteuren auf kommunaler, regionaler, nationaler und europäischer Ebene gefördert werden.[131] Die Koordination insbesondere des Verhältnisses von Fach- und Gesamtplanungsrecht beschränkt sich nicht auf die formelle Planabstimmung, wie sie etwa durch das Gegenstromprinzip (§ 1 Abs. 3 ROG), die Bindungswirkung der Erfordernisse der Raumordnung (§ 4 ROG) oder die Abstimmung raumbedeutsamer Planungen und Maßnahmen (§ 14 ROG) erfolgt. Die informationelle und die persuasorische Planung sind in die Systembildung ebenso einzubeziehen, wie »konsensuale ›informale‹ Bewirkungstechnik«[132].

Territoriale Governance entfaltet ganz in diesem Sinn ihre planerische Integrationsfunktion über den Systemgedanken der nachhaltigen Raumentwicklung. Es ist ihr Ziel, die sozialen, ökologischen und ökonomischen Raumansprüche auszugleichen. Diesem Systemgedanken sind deshalb auch alle planerischen Instrumente verpflichtet, die Fach- und Gesamtplanung vernetzen wollen: die Ökologisierung der Grundsätze der Raumordnung, die Umweltprüfung im Rahmen der Raumordnungspläne, die Raumordnungsklauseln, die raumordnerische Zusammenarbeit, die informelle und die informationelle Planung. Der dreidimensionale Nachhaltigkeitsgrundsatz gewährleistet in seiner systematischen Vernetzung dieser Planungsinstrumente die planerische Gestaltungsfreiheit der öffentlichen wie privaten Raumakteure auf kommunaler, regionaler, nationaler und europäischer Ebene. Er bildet damit die Grundlage des sich entfaltenden Regelungs- und Koordinationssystems territorialer Governance.

IV. Dogmatik

Als verwaltungsrechtswissenschaftlicher Schlüsselbegriff kommt territorialer Governance eine Entwicklungsfunktion für die Verwaltungsrechtsdogmatik im Allgemeinen und für die Planungsrechtsdogmatik im Besonderen zu. Diese These setzt die Klärung des Verhältnisses zwischen der

130 Vgl. *Schmidt-Aßmann* (FN 3), S. 2; *ders.* (FN 12), S. 174.
131 Vgl. *Schmidt-Aßmann* (FN 12), S. 176.
132 *Schmidt-Aßmann* (FN 12), S. 176.

verwaltungsrechtlichen Dogmatik einerseits und den verwaltungsrechtswissenschaftlichen Schlüsselbegriffen andererseits voraus.

Die Verwaltungsrechtsdogmatik meint ein auf die Anwendung von Rechtssätzen bezogenes systematisches Denken:[133] Dieses Denken geht vom Rechtssatz aus. Es ordnet den Rechtssatz in die Handlungsformen ein – also Verordnung, Richtlinie, Gesetz, Rechtsverordnung, Satzung, Organisation, Plan, Verwaltungsakt oder Verwaltungsvertrag. Es interpretiert den Rechtssatz sodann durch seine Auslegung nach Wortlaut, Geschichte, Systematik und Zweck. Es misst den Rechtssatz schließlich am europäischen Primärrecht oder an der nationalen Verfassung und eröffnet im Fall der Rechtsverletzung des Bürgers den Zugang zu den Gerichten.

Diese Aufgabe der Verwaltungsrechtsdogmatik wird durch territoriale Governance in keiner Weise in Frage gestellt. Denn als verwaltungsrechtswissenschaftlicher Schlüsselbegriff geht territoriale Governance – wie soeben dargelegt[134] – nicht vom Rechtssatz, sondern von einem in der Realität wahrgenommenen Phänomen aus. Sie sucht für die mit diesem Phänomen verbundenen Probleme nach Lösungen, die es sodann rechtsdogmatisch zu rekonstruieren gilt. Territoriale Governance beschreibt, ordnet und entwickelt also vor dem Hintergrund praktischer Problemstellungen am Maßstab des dreidimensionalen Nachhaltigkeitsbegriffs die verwaltungsrechtsdogmatisch zu rekonstruierenden Handlungsoptionen der Verwaltung.

Dabei werden die einschlägigen Handlungsinstrumente wie etwa Gesetz, Plan, Subvention, Verwaltungsakt sowie Verwaltungsvertrag auch dogmatisch weiterentwickelt. So werden im Raumordnungsgesetz die Grundsätze der Raumordnung systematisch ökologisiert.[135] Die raumordnerische Kooperation wird im Hinblick auf eine staatliche Gewährleistung privater Raumentwicklung erweitert.[136] Die Umweltprüfung lässt sich zur Nach-

133 Vgl. hierzu und zum Folgenden *Voßkuhle* (FN 91), § 1, Rn. 2 ff.; *Michael Stolleis,* Entwicklungsstufen der Verwaltungsrechtswissenschaft, in: Hoffmann-Riem/Schmidt-Aßmann/Voßkuhle (FN 9), § 2, Rn. 47 ff.; *Christoph Möllers,* Methoden, ebenda, § 3, Rn. 17 ff.; *Appel* (FN 90), S. 235 ff.; *Eifert* (FN 83), S. 289 ff.; krit. *Oliver Lepsius,* Diskussionsbeitrag, VVDStRL 67 (2008), S. 349; *Matthias Jestaedt,* Diskussionsbeitrag, ebd., S. 352 (353).

134 Vgl. oben D.III.

135 Vgl. oben D.II.2.a.

136 Vgl. oben D.II.2.b.

haltigkeitsprüfung weiterentwickeln.[137] Neue organisatorische Vernetzungsformen – wie beispielsweise der Europäische Verbund für territoriale Zusammenarbeit – werden geschaffen.[138] Das rechtsdogmatische Analysepotenzial des verwaltungsrechtswissenschaftlichen Schlüsselbegriffs der territorialen Governance zeigt aber vor allem auch die dogmatischen Verschiebungen, die zwischen imperativen, indikativen und influenzierenden Plänen stattfinden.[139] Imperative Planung ist in der pluralistischen, europäisch integrierten Wissens- und Dienstleistungsgesellschaft der Bundesrepublik ohne eine ausdifferenzierte indikative und influenzierende Planung nicht mehr möglich. Sowohl die Wasserfach- als auch die Gesamtplanung sind auf ein effektives Wissensmanagement angewiesen: Die Wasserfachplanung stützt sich auf die Hochwassergefahren- und Hochwasserrisikokarten sowie auf die Bewirtschaftungspläne, die Gesamtplanung auf die europäische sowie die nationale Vernetzung der Raumbeobachtung (ESPON, BBR).[140] Gestiegen ist auch die Bedeutung der influenzierenden Planung, auf europäischer Ebene durch das EUREK, die TAEU oder die LC, auf nationaler Ebene durch die Leitbilder der MKRO.[141] So sind die zentralen Aussagen der von der MKRO entworfenen »Leitbilder und Handlungsstrategien für die Raumentwicklung in Deutschland« vom 30. Juni 2006 in die Neugestaltung der Grundsätze des Entwurfs eines neuen Raumordnungsgesetzes vom 22. Februar 2008 eingeflossen.[142] Sie haben insofern den normativen Anschluss an die Gesetzgebung gefunden. Demgegenüber wirken die europäischen Leitbilder des EUREK, der TAEU und der LC »nur« persuasorisch. Doch ihre dogmatische Einordnung als *soft law* wird der Funktion dieser Leitbilder für die Integration des Gesamtplanungsprozesses im europäischen Mehrebenensystem nicht gerecht. Insbesondere *Ulrich Battis* hat darauf hingewiesen, dass in dieser nur vermeintlich rechtlichen Schwäche die eigentliche normative Stärke des EUREK – und analog der TAEU sowie der LC –

---

137 Vgl. oben D.II.2.c.

138 Vgl. oben D.II.2.d.

139 Vgl. zu diesen Kategorien *Battis,* Verwaltungsrecht (FN 8), S. 262; *Gunnar Folke Schuppert,* Verwaltungswissenschaft, 2000, S. 198 f.; *Köck* (FN 9), § 37, Rn. 45 ff.

140 Vgl. oben B.II.1.

141 Vgl. oben C.II.1.

142 Vgl. Referentenentwurf (FN 61), S. 44.

liegt:[143] Wäre das EUREK als ein rechtsverbindliches Planungsinstrument zu verhandeln gewesen, hätte es kaum seine jetzige Normdichte erlangt. Als informelles Planungsinstrument kann es seine integrierende Wirkung im europäischen Mehrebenensystem entfalten. Es kann die raumbedeutsamen Politiken der Gemeinden, Regionen, Mitgliedstaaten und der Gemeinschaft, die unterschiedlichen Sprach- und Planungskulturen, prägen. Es kann die grenzüberschreitende, interregionale und transnationale Planung koordinieren.[144] Und es ist überdies auch für private Raumakteure anschlussfähig. *Rainer Wahl* spricht insofern von der »Macht der Bilder«[145], die sich in einer wandelnden Planungsrechtsdogmatik niederschlägt.

Auf diese Weise entfaltet der Schlüsselbegriff »territoriale Governance« über seine systematische Leitvorstellung einer nachhaltigen Raumentwicklung eine Ordnungsfunktion für die Verwaltungsrechtsdogmatik. Er speichert mit jeder Fortentwicklung der Problemlösungsmodelle die in der Praxis gesammelten Erfahrungen für neue Anwendungsfelder. Auf diese Weise dynamisiert Governance die Rechtsentwicklung.[146]

E. Fazit

Wasserwirtschaft und Raumordnung – allgemeiner: Fach- und Gesamtplanung – werden durch territoriale Governance im europäischen Mehrebenensystem miteinander vernetzt. Dieses neue Planungsparadigma ist dem dreidimensionalen Nachhaltigkeitsbegriff verpflichtet, der die sozialen,

143 Vgl. hierzu und zum Folgenden *Ulrich Battis,* Städte in Europa, in: Andreas Bovenschulte u.a. (Hrsg.), Demokratie und Selbstverwaltung in Europa, Festschrift für Dian Schefold zum 65. Geburtstag, 2001, S. 267 (272); *Werner Hoppe,* Planung, in: Josef Isensee/Paul Kirchhof (Hrsg.), Handbuch des Staatsrechts, 4. Band, 3. Aufl. 2006, § 77, Rn. 65; *Angelika Siehr,* Europäische Raumentwicklung als netzbasierte Integrationspolitik, in: Sigrid Boysen u.a. (Hrsg.), Netzwerke, 2007, S. 124 (136).

144 Vgl. hierzu insbesondere Europäische Kommission (FN 38), S. 43 ff.; *Battis* (FN 57), S. 305; *ders.* (FN 143), S. 273; *Andreas Faludi,* Unfinished business. European spatial planning in the 2000s, TPR 74 (2003), S. 121 (126).

145 *Rainer Wahl,* Europäisches Planungsrecht – Europäisierung des deutschen Planungsrechts. Das Planungsrecht in Europa, in: Grupp/Ronellenfitsch (FN 56), S. 617 (623); vgl. auch *Battis* (FN 57), S. 305; *ders.* (FN 143), S. 273.

146 Vgl. zum dynamischen und prozessualen von Governance-Strukturen *Schuppert* (FN 92), S. 490 f., 493 ff.

ökonomischen und ökologischen Ansprüche an den Raum zu einem angemessenen Ausgleich bringt. Instrumentell geht diese Vernetzung inzwischen weit über die Raumordnungsklauseln in der Wasserfachplanung hinaus. Sie erfolgt auf europäischer Ebene auf der Grundlage des EUREK sowie der TAEU und wird über die Regional- und Strukturpolitik umgesetzt. Auf nationaler Ebene werden zentrale Institute des Raumordnungsrechts im Rahmen von territorialer Governance rechtsdogmatisch fortentwickelt. Zentrale Neuansätze für diese Vernetzung von Wasserfach- und Gesamtplanung sind die systematische Ökologisierung der Grundsätze der Raumordnung, die Ausweitung der raumordnerischen Kooperation, die Fortentwicklung der Umwelt- zur Nachhaltigkeitsprüfung sowie ein vernetztes Informations- und Wissensmanagement.

Statement aus der Praxis

Regierungdirektorin Dr. Sibylle *Pawlowski,* Ministerium für Umwelt und Naturschutz, Landwirtschaft und Verbraucherschutz des Landes Nordrhein-Westfalen, Düsseldorf

Wasserwirtschaft und Raumplanung arbeiten seit langem und für die Sache fruchtbar beim Schutz der Fläche für die Wassergewinnung und bei der Freihaltung von Überschwemmungsflächen und einem angepassten Bauen in diesen Flächen zusammen. Grundsätzliche Flächenkonflikte werden auf der Ebene der Raumordnung entschieden. Die wasserrechtlichen Festsetzungen regeln dann noch die Vorgaben für einzelne Inanspruchnahmen, also einzelne Flächenkonflikte.

Aus Sicht der Wasserwirtschaft stellt sich neu die Frage, welche Funktion die Raumordnung bei der Bewirtschaftungsplanung nach der Wasserrahmenrichtlinie (WRRL) hat.

Das Thema Raumplanung und WRRL ist in drei Unterthemen aufzuteilen:

- Absicherung der Maßnahmenplanung
- Einfluss der Regionalplanung auf die Bewirtschaftungsplanung
- Regionalplanung und Verschlechterungsverbot

Absicherung der Maßnahmenplanung

Nach jetzigem Stand werden voraussichtlich raumplanerische Instrumente, also die Festlegung von Grundsätzen und Zielen oder Darstellungen im Landesentwicklungsplan und in Regionalplänen, bei der Absicherung der Maßnahmenplanung keine wesentliche Rolle spielen.

Einige Regionalpläne enthalten bereits zur Zeit im Textteil allgemeine Ausführungen zur WRRL sowie Ziele und Grundsätze. Die Ausführungen ähneln denen in den Textteilen zur naturnahen Gewässerentwicklung. Im wesentlichen beschränken sich die Ausführungen auf die Wiedergabe des geltenden Rechts und allgemeiner Grundsätze. Es ist nicht zu erkennen, dass diese Ausführungen tatsächlich eine absichernde Wirkung für Maßnahmen zur Erreichung der Bewirtschaftungsziele haben werden oder in

Ausfüllung der gesetzlichen Regelungen in den §§ 25 a ff. WHG bereits Konflikte lösen.

Dass die Maßnahmenplanung nicht in die zeichnerischen Darstellungen aufgenommen werden kann und wird, liegt an zwei Umständen:

Zum einen wird man zumindest in NRW, aber das gilt auch für viele andere Bundesländer, im Maßnahmenprogramm lediglich Programmaussagen treffen, also Programmmaßnahmen festlegen. Es wird nicht festgeschrieben, welche konkreten Maßnahmen an welcher Stelle durchgeführt werden sollen. Sondern es wird lediglich die Aussage getroffen, dass in einem Wasserkörper, also in Nordrhein-Westfalen auf einer Strecke von durchschnittlich 7 Gewässer-km, Maßnahmen einer bestimmten Art durchgeführt werden wie z.B. »Maßnahmen zum Initiieren/Zulassen einer eigendynamischen Gewässerentwicklung inkl. begleitender Maßnahmen; Maßnahmen zur Anpassung/ Optimierung der Gewässerunterhaltung; Maßnahmen zur Habitatverbesserung im Gewässer durch Laufveränderung, Ufer- oder Sohlgestaltung inkl. begleitender Maßnahmen«.

Zum anderen sind diese Maßnahmen nach WRRL im Regelfall mit dem Maßstab der Raumordnung nicht abbildbar. Man wird ein Gewässer nicht linienhaft entwickeln, sondern lediglich sog. Trittsteine, deren Lage und Anzahl noch nicht feststeht. Auch die benötigte Fläche wird gering sein. Der Flächenkonflikt wird mit vorhandenen Nutzungen bestehen, insbesondere mit der Land- und Forstwirtschaft. Hier sind Festlegungen zurzeit nicht möglich. Bei einer Maßstäblichkeit von 1: 50.000 finden sich die Trittsteine nicht wieder, unabhängig davon, dass man auch nicht weiß, wo sie liegen werden.

Maßnahmen mit einer flächenhaften Wirkung wird es nach jetziger Planung nicht geben.

Einfluss der Regionalplanung auf die Bewirtschaftungsplanung

Im Gegenzug besteht die Frage, in welchem Ausmaß die Vorgaben im Landesentwicklungsplan und in den Regionalplänen/GEP für die Maßnahmenplanung von Bedeutung sind. Die Antwort gibt § 2 Abs. 3 LWG oder generell das Verhältnis zwischen der Raumplanung und der Fachplanung.

Die WRRL verlangt allerdings, dass die Bewirtschaftungspläne die abschließenden Festlegungen enthalten und ignoriert somit das nationalrechtliche Verhältnis von Raumplanung und Fachplanung. Daher muss die Wasserwirtschaft bei der Bewirtschaftungsplanung die raumplanerischen Vorgaben einstellen, um nicht Ziele und Maßnahmen an Europa zu melden, die nationalrechtlich nicht eingehalten werden können.

Die Bezirksregierungen haben in Vorbereitung der Maßnahmenplanung die sog. Rahmenbedingungen erhoben, wie FFH-Gebiete, Naturschutzgebiete, Siedlungen, Gewerbeflächen, Wasserschutzgebiete, Verkehrsinfrastruktur, Auenkonzepte, Altlasten, Querbauwerke, Einleitungen und Einrichtungen des Hochwasserschutzes. Im Rahmen des sog. Baseline Szenarios werden auch Entwicklungen erhoben, hier wird man Erkenntnisse aus Regionalplanung und Landesentwicklungsplanung berücksichtigen. Rahmenbedingungen bilden Restriktionen ab (wie Hochwasserschutz oder Verkehrsinfrastruktur) und befördernde Faktoren wie FFH-Gebiete und Wasserschutzgebiete. Ohnehin haben die Bezirksregierungen als Bündelungsbehörde die Aufgabe, die verschiedenen Planungsebenen zusammenzubringen.

Vorgaben der Raumordnung werden bei der Maßnahmenplanung im Regelfall nur relevant sein, wenn sie auf einer Ebene mit einer niedrigeren Maßstäblichkeit konkretisierbar sind.

Regionalplanung und Verschlechterungsverbot

Eine wichtige Möglichkeit der Regionalplanung, die wasserwirtschaftlichen Ziele zu befördern, ist allerdings zu sehen: Sie sollte wie bereits bei den Überschwemmungsgebieten zur weiteren Freihaltung von gewässernahen Flächen eingesetzt werden. Darin läge ein Beitrag zur Einhaltung des Verschlechterungsverbots. Das müsste allerdings flächendeckend passieren, um eine andere Wirkung als lediglich die Wiederholung von § 25 d Abs. 1 WHG zu haben. Wo eine andere Entscheidung getroffen wird und neue Siedlungen oder Gewerbegebiete an das Gewässer gelegt werden, müsste bereits bei der Regionalplanung geprüft werden, welche Auswirkungen das Vorhaben auf die Gewässerstruktur hat, ob eine Verschlechterung stattfindet und ob diese nach § 25 d Abs. 1 WHG gerechtfertigt sein könnte.

Pawlowski

Das Freihalten der gewässerangrenzenden Fläche von weiterer Bebauung ist – allerdings nicht erst seit der WRRL – nicht nur das Ziel des Hochwasserschutzes, sondern auch der ökologischen Bewirtschaftungsziele. Allerdings wird nur eine ufernahe Bebauung für die Bewirtschaftungsziele von Relevanz sein.

Diskussionszusammenfassung

Philipp *Heuser,* Institut für Öffentliches Recht, Universität Bonn

Mit einem Dank an die Referenten eröffnete Prof. Dr. Hans D. *Jarass,* LL.M., Direktor des Zentralinstituts für Raumplanung, Münster, die zweite Diskussionsrunde zum Themenblock »Raumplanung und Wasserwirtschaft«, die rund eine Stunde dauerte. Er betonte, dass durch den Vortrag von Regierungsdirektorin Dr. Sibylle *Pawlowski,* Ministerium für Umwelt und Naturschutz, Landwirtschaft und Verbraucherschutz des Landes Nordrhein-Westfalen, Düsseldorf, ein gewisser Kontrast zu den vorangegangenen Vorträgen geschaffen worden sei und rief in Erinnerung, dass insbesondere Rechtsanwalt Dr. Günther-Michael *Knopp,* Ministerialrat a.D., Landshut, in seinem Vortrag hohe Erwartungen an die Raumordnung und deren Leistungsfähigkeit in dieser Fragestellung geäußert habe. *Jarass* wies auf die Probleme hin, die durch den Umstand verursacht würden, dass die Flussgebietseinheiten bundesländerübergreifend sein müssten. Diese Probleme seien letztlich nur durch eine Raumordnung auf Bundesebene zu lösen. Er meinte, dass zwar einerseits die Möglichkeiten des Bundes infolge der Föderalismusreform mit seiner konkurrierenden Gesetzgebungszuständigkeit in diesem Bereich gewachsen, andererseits diese aber durch die drohende Abweichungsgesetzgebung der Bundesländer zugleich wieder eingeschränkt seien.

Den ersten Diskussionsbeitrag leistete Prof. em. Dr. Lothar *Finke,* Dortmund, der Leiter des früheren Ad-hoc-Arbeitskreises »Künftige Zusammenarbeit von Wasserwirtschaft und Raumplanung« bei der Akademie für Raumforschung und Landesplanung war. Er schilderte aus seiner damaligen Erfahrung, dass es seinerzeit in dem Arbeitskreis gerade kein Einvernehmen zwischen den Vertretern der Raumordnung und den Vertretern der Wasserwirtschaft gegeben habe. Die Kernfrage der Vertreter der Raumordnung an die Wasserwirtschaft sei – vor dem Hintergrund, dass die Raumordnung eine kohärente Gesamtlösung durch überfachliche und überörtliche Abwägung als neutraler Makler zu entwickeln habe – gewesen, ob die Fachplanung frühzeitig Informationen für die Abwägung erstellen könne. Die wasserwirtschaftliche Fachplanung sei jedoch mit der Erwartung an das Thema herangegangen, dass eine eins zu eins Umsetzung der wasserwirtschaftlichen Belange in der Raumordnung erfolge. Er wies darauf hin, dass die Raumordnung der Wasserwirtschaft zwar helfen könne, die Erwartung einer völlig deckungsgleichen Umsetzung aber sehr problematisch sei. Die Wasserrahmenrichtlinie (WRRL)[1] fordere eine zutiefst ökologische Planung in der Wasserwirtschaft, so dass sich hierdurch schließlich auch für den Naturschutz zusammen mit der Wasserwirtschaft die Gelegenheit böte, eine ökologische Raumplanung zu verwirklichen, die seit Jahren unter dem Schlagwort der Ökologisierung der räumlichen Gesamtplanung gefordert werde. Bei der Umsetzung der WRRL sei die Wasserwirtschaft zu sehr am Gewässer und zu wenig am Raum orientiert, obwohl der flussgebietsbezogene Ansatz der WRRL letztere Betrachtung fordere. So seien sämtliche Nutzungen im Raum unter wasserwirtschaftlicher Betrachtung zu untersuchen, da dies durch einen umfassenden Auftrag durch die WRRL gedeckt sei. Insoweit müsse die Wasserwirtschaft in die Fläche gehen und beispielsweise land- und forstwirtschaftliche Auswirkungen auf die Grundwasserkörper untersuchen. Die Auffassung in der Wasserwirtschaft sei gewesen, dass die wasserrechtlichen Planungen wegen deren gemeinschaftsrechtlichen Fundierung in der WRRL nicht zur raumplanerischen Abwägung gestellt werden dürften. Die Wasserwirtschaft müsse jedoch zunächst eine konkrete Ausgestaltung der Pläne und deren Raumbezug liefern. Schließlich sei auch zu bedenken, ob aus gemeinschaftsrechtlichen Gründen die späteren Bewirtschaftungspläne einer Abwägung in der Regionalplanung überhaupt noch zugänglich seien. Die Raumordnung könne nicht nur den Steigbügelhalter für die Wasserwirtschaft spielen, denn es sei ein Geben und Nehmen. *Finke* betonte noch einmal seinen Eindruck, dass er von einer mangelnden Bereitschaft der Wasserwirtschaft ausgehe, Material bereitzustellen, um dann innerhalb der Raumplanung mit konkurrierenden Belangen abzuwägen. Gerade das Verschlechterungsverbot der WRRL, das bereits seit 2002 gelte, erfordere eine Betrachtung der raumordnerischen Intensität der Nutzungen, wie beispielsweise die Extensivierung in der Landwirtschaft. *Finke* äußerte die Vermutung, dass die Wasserwirtschaft dies nicht zu leisten vermöge, was nicht zuletzt auch mit der zu geringen Personalausstattung in der

---

1 Richtlinie 2000/60/EG des Europäischen Parlaments und des Rates vom 23.10.2000 zur Schaffung eines Ordnungsrahmens für Maßnahmen der Gemeinschaft im Bereich der Wasserpolitik (ABl EG, Nr. L 327/1).

Wasserwirtschaftsverwaltung zusammenhinge. Als Grundprinzip sei das Verschlechterungsverbot schon aus der naturschutzrechtlichen Eingriffsregelung bekannt, weise unmittelbare räumliche Konsequenzen auf und erfordere deshalb eine stärkere Zusammenarbeit.

Knopp meinte, dass die Wasserwirtschaft mit den sog. Toolboxes als einfachen fachlichen Werkzeugen alleine zu Rande käme. Ein Interesse an einer Zusammenarbeit mit der Raumordnung bestehe aber beispielsweise bei den kosteneffizientesten Möglichkeiten als raumplanerische Überlegungen, die auch mit einer Abwägung verbunden seien. *Knopp* verwies in dem Zusammenhang auf seine Erfahrung als Mitglied in der deutsch-tschechischen Grenzgewässerkommission, die den geplanten Ausbau des Egerkraftwerks und die damit staatenübergreifenden Problemstellungen zum Gegenstand habe. Eine gesetzliche Legitimation könne nur das Raumordnungsgesetz mit seinen Organen und Instrumenten liefern, um so eine länderübergreifende Zusammenarbeit innerhalb der Bundesrepublik zu ermöglichen. Insofern sei das Instrumentarium zu vergrößern und das Wasserrecht in dieser Hinsicht nicht ausreichend.

Prof. Dr. Wilhelm *Söfker,* Ministerialdirigent a.D., Bonn, kam auf die Entstehung des Hochwasserschutzgesetzes[2] vom Mai 2005 zu sprechen. Maßgebend für dieses Gesetz seien auch die Überlegungen gewesen, was denn die Raumordnung und die Bauleitplanung in diesem Feld leisten könne. Ein Bedarf an weiterer Gesetzgebung sei damals angezweifelt worden. Gleichwohl seien Hochwasserschutzklauseln in das BauGB und ROG eingefügt worden. *Söfker* hob hervor, dass erhebliche Möglichkeiten der Raumordnung beständen, um die zukünftige Festsetzung der Überschwemmungsgebiete zu gewahrleisten. So nannte er die Moglichkeit der vorläufigen Sicherung dieser Gebiete durch Beschränkungen in den Bauleitplanungen, die kartenmäßige Aufarbeitung, aber auch die allgemeinen Klauseln, wonach Retentions- und Rückhalteflächen zu sichern seien. Diese Instrumente und die damit verbundenen Möglichkeiten ständen der Wasserwirtschaft nicht zur Verfügung. Als weiteres Beispiel für den Einfluss der Regionalplanung nannte er die Renaturierungsmöglichkeiten für diese Flächen, die durch Vorgaben der Landesplanung an die Bauleit-

2 Gesetz zur Verbesserung des vorbeugenden Hochwasserschutzes – Hochwasserschutzgesetz – vom 03.05.2005, BGBl I, 1224.

planung bis hin zu Anpassungspflichten umgesetzt werden könnten. *Söfker* stellte die Frage an die Referentin *Pawlowski,* woran es denn liege, dass die Landesplanung, insbesondere auch in Nordrhein-Westfalen, zu wenig Gebrauch von diesen Möglichkeiten mache.

Pawlowski berichtete, dass seit 1996 die Zusammenarbeit auf dem Gebiet des Hochwasserschutzes, sowohl hinsichtlich der bestehenden als auch der rückgewinnbaren Flächen, sehr gut zwischen der Raumplanung und der Wasserwirtschaft funktioniere. Es seien anhand der Maßstäbe der Raumordnung sog. Überschwemmungsbereiche durch die Wasserwirtschaft erarbeitet worden, die dann anschließend in die Regionalpläne aufgenommen worden seien.

Es herrsche zwischen beiden zuständigen Ministerien in Nordrhein-Westfalen der Konsens, dass die Raumordnung derzeit kein Instrumentarium besitze, das der Wasserwirtschaftsverwaltung bei der Umsetzung der WRRL helfe. Das Problem der Abstimmung zwischen der Raumplanung und der wasserrechtlichen Planung trete sehr deutlich zutage, denn im Grunde passe die europäische Vorgabe durch die WRRL nicht in das nationale Recht, da letztlich die Gesamtschau durch die Raumplanung zu erfolgen habe. Die Abstimmung erfolge auf Ebene der Bezirksregierungen zwischen beiden Planungen.

Die Wasserwirtschaftsverwaltung betrachte die Gewässer nicht rein linienhaft nach dem Verlauf. Denn bei der Analyse würden sowohl die Austräge aus Siedlungen als auch aus der Landwirtschaft berücksichtigt, nur die Planung der Maßnahmen betreffe zurzeit rein den jeweiligen Gewässerverlauf. Die einzige Maßnahme, die flächenhaft wirke, sei die Umsetzung der Nitratrichtlinie, zu deren Umsetzung jedoch keine Instrumente der Raumplanung nötig seien.

Prof. Dr. Wilfried *Erbguth,* Lehrstuhl für Öffentliches Recht der Universität Rostock, äußerte die Meinung, dass Raumordnung nicht nur im Bereich der Schutzmaßnahmen, sondern vielmehr auch im Bereich der Vorsorge angesagt sei, wobei letzteres gerade nicht durch die einzelnen Fachplanungen erfasst werden könne. Dieser Umstand solle – auch vor dem Hintergrund der WRRL – Anlass für die Wasserwirtschaftsverwaltung sein, sich unter diesem Aspekt stärker zu engagieren. Letztlich gehe es auch um das alte Problem zu dem Verhältnis zwischen Fach- und Gesamtplanung, das auch schon zu Überlegungen geführt habe, die unter den Stichwörtern Umweltleitplanung und Umweltgrundlagenplanungen zu verorten seien, so dass man dadurch auch zu dem Begriff der Nachhaltigkeit käme.

Die Nachhaltigkeit sei auf rechtlicher Ebene in der Bauleitplanung und in der Raumplanung fixiert und deswegen habe die Raumordnung die Aufgabe, einzelne Umweltfachplanungen zu integrieren. In diesem Bereich herrsche jedoch auch das Prinzip der Abwägung. Jedenfalls sei die Wasserwirtschaftsverwaltung gefordert, für eine stärkere Integration zu sorgen und beispielsweise die Umweltschutzplanungen näher abzustimmen. Das Problem bilde der räumliche Zuschnitt, da die Flussgebietseinheiten bundesländer- oder sogar staatenübergreifend verliefen, sich daher auch die Frage nach den Kompetenzen stelle und dies auch neue Instrumente erfordern könne. Auch das frühere Recht habe schon Informationsinstrumente und Experimentierklauseln bereitgehalten. Unter materiellen Gesichtspunkten gehe es in der Abwägung um eine einzelfallbezogene Gewichtung der Belange, die keineswegs rationalitätsfern sei. Weder dadurch, dass die einzelnen Grundsätze der Raumordnung durch eine Umweltbezogenheit aufgewertet worden seien, noch durch die geplante Integrierung der strategischen Umweltprüfung im Raumordnungsrecht sei eine materielle Aufwertung dieser Belange verbunden, weil einer solchen Aufwertung schon rechtsstaatliche Gründe entgegenständen.

Andreas *Rondorf,* Wupperverband, Wuppertal, brachte seine Erfahrungen als Raumplaner in die Diskussion ein. Er befürchtete, dass die wasserwirtschaftlichen Belange in der raumplanerischen Gesamtabwägung unterzugehen drohten, wenn nicht eine räumliche Verortung stattfände. Die Wasserwirtschaft müsse sich deshalb räumlich äußern. Hochwasserschutzgebiete und Wasserschutzgebiete seien nicht die einzigen Schnittstellen mit der Raumplanung. So sollten in der Raumplanung Vorbehaltsgebiete bei einer unzureichenden Grundwasserüberdeckung ausgewiesen werden, damit beispielsweise Betriebsansiedlungen vermieden würden.

Wolf-Dieter *Dallhammer,* Sächsisches Staatsministerium für Umwelt und Landwirtschaft, Dresden, sprach davon, dass auch die Raumordnungen sich untereinander besser abzustimmen hätten. Der Abstimmungsbedarf sei vielgestaltig und bestehe nicht nur innerhalb des jeweiligen Bundeslandes, zwischen den Bundesländern, sondern auch zwischen den Staaten und habe gleichwertig zu sein. Wer nur auf die informelle Planung setze, flüchte in die planerische Verantwortungslosigkeit. Planung sei Gestaltung und Gestaltung bedeute manchmal auch schmerzhafte Einschnitte, die typischerweise durch Vorrang- und Vorbehaltsgebiete vorgenommen würden. Er pflichtete den Aussagen *Söfkers* bei, dass bestehende Instrumente ausreichend für den Hochwasserschutz gewesen seien und insoweit für das Raumordnungsrecht das Hochwasserschutzgesetz entbehrlich gewesen sei. Schließlich könne es nicht sein, dass beispielsweise ein Gebiet in der Raumplanung für die Landwirtschaft ausgewiesen werde, nur weil die Bodenzahl 80 betrage ohne Berücksichtigung des darunterliegenden Grundwasserkörpers. Die Raumordnung könne mit den bereits vorliegenden Materialien aus den jeweiligen Fachgebieten auch so entscheiden, so dass letztendlich einfach mehr Mut zum Handeln gefragt sei.

Prof. Dr. Dr. Wolfgang *Durner,* LL.M., Direktor des Instituts für das Recht der Wasser- und Entsorgungswirtschaft an der Universität Bonn, bemerkte, dass die Raumordnung über ihr Instrumentenspektrum nachdenken solle, da es auch noch andere Einwirkungsmöglichkeiten gebe. Es sei eine spezifisch deutsche Vorstellung, dass ein Raumplan immer nur mit graphischen Darstellungen und Texten verbunden sei, da es auch noch andere Einwirkungsmöglichkeiten gebe. So verständen manche Staaten der EG unter Raumordnung den zweck- und auflagengerichteten Einsatz öffentlicher Mittel, wodurch Verhalten sehr effektiv gelenkt werde. Die Relevanz der Raumordnung für die Wasserwirtschaft sei im Flächenschutz durch Wasserschutzgebiete oder beim Hochwasserschutz nicht zu übersehen. Das Verschlechterungsverbot weise ebenfalls eine raumordnungsrechtliche Relevanz auf. Auch bei vielen Einzelkonflikten, wie zum Beispiel dem Donauausbau, zeige sich, dass es letztlich nicht darum gehen könne, welches Ressort am effektivsten seine konkreten Interessen durchdrücke und als erstes eine rechtsförmliche Planung vorlege. Hier müsse die Raumordnung als überörtlicher und neutraler Makler ins Spiel kommen. Dass der Befund hinsichtlich der raumordnungsrechtlichen Relevanz bei der wasserrechtlichen Planung nicht so eindeutig ausfalle, sei insgesamt auf die bis jetzt etwas ernüchternde Ausgestaltung der Fachplanung zurückzuführen. Man dürfe die Flexibilität der Raumordnung nicht unterschätzen. *Durner* meinte, er könne sich vorstellen, dass mit Vorbehaltsgebieten flächenhaft für ein bestimmtes Einzugsgebiet Behandlungen der Erdoberfläche ein Stück weit raumplanerisch zu sichern möglich sei. In der

Abwägung sei insbesondere der Problemkreis erkennbar, dass die Wasserwirtschaft Belange einbringe, die bereits gemeinschaftsrechtlich vorgegeben seien und daher abwägungsfest sein könnten. Bei der Auswahl der Instrumente zur Sicherung in der Raumplanung bestehe jedoch ein weites Ermessen, wo dann auch die planerische Abwägung Platz greife. Als Beispiel nannte *Durner,* dass die Raumordnung zur Senkung der Wassertemperatur in einem Fluss im Sommer verschiedene Nutzungen untersagen könne. Bei grenzüberschreitenden Konflikten stelle sich auch die Kompetenzfrage und ob in diesem Zusammenhang nicht der Bund stärker gefordert sei. So sei es illusionär, dass ein Bundesland beispielsweise im Hochwasserbereich Festsetzungen treffe und sich damit selber Entwicklungschancen verbaue zugunsten des Unterliegers.

PD Dr. Stefan *Greiving* von der TU Dortmund fokussierte in seinem Diskussionsbeitrag die Wechselwirkungen zwischen der Wasserwirtschaft und der kommunalen Bauleitplanung. Die Raumordnung befände sich in einem überlegeneren Verhältnis zur Wasserwirtschaft als die Bauleitplanung, weil Letztere durch die behördenverbindlichen Bewirtschaftungspläne und Maßnahmenprogramme gebunden sei. Er stellte die Frage, welche Auswirkungen konkrete Planungsmaßnahmen der Wasserwirtschaft für die städtebauliche Entwicklung hätten. Denn sobald Wasserkörper dadurch tangiert seien, bedürfe dies der wasserrechtlichen Erlaubnis oder Bewilligung. Für *Greiving* bestand insofern ein Klärungsbedarf, inwieweit zukünftig dann die städtebaulichen Projekte abhängig von einer Ausnahme nach § 25 d WHG[3] seien. Wenn dem so sei, dann löse dies große Unwägbarkeiten für die Kommunen aus.

Jarass' erste Frage richtete sich an den Referenten *Knopp* hinsichtlich des zwingenden Bedarfs an Abstimmung über die Grenzen von Bundesländern und Staaten hinaus. Er meinte, dieser Bedarf könne durch eine Bundesraumplanung gedeckt oder die Abstimmung auch durch die Raumplaner der betreffenden Bundesländer herbeigeführt werden. Favorisiere man die letztgenannte Lösung, so könne man sich schließlich auch eine Abstimmung auf Ebene des Wasserrechts vorstellen, jedoch sei fraglich, ob diese Abstimmung ähnlich effektiv sei. Die zweite Frage ging dahin, ob nicht

3 Gesetz zur Ordnung des Wasserhaushalts – Wasserhaushaltsgesetz – i.d.F. der Bekanntmachung vom 19.08.2002, BGBl. I, 3245, zuletzt geändert durch Gesetz vom 25.6.2005, BGBl. I, 1746.

eine Einschaltung der Raumplaner in der Entwicklung der Maßnahmenprogramme sinnvoll sei, um so direkt eine raumplanerische Beurteilung der geplanten Maßnahmen zu gewährleisten, damit dann unmittelbar andere raumordnerische Belange berücksichtigt werden könnten. Dies habe den Vorteil, dass alle Belange frühzeitig berücksichtigt würden und die aus dem Gemeinschaftsrecht zwingend vorgegebenen wasserrechtlichen Belange nicht in der späteren Abwägung unterzugehen drohten. Die dritte Frage von *Jarass* zielte auf die nähere Betrachtung der Akteure und deren wechselseitige Verbindungen in diesem Bereich. Die EG habe zwar keine raumordnungsrechtlichen Kompetenzen, dennoch betreibe sie Raumordnungspolitik über die regionale Strukturförderung. Diese habe sich zu ihrem Hauptinstrument entwickelt. Zusätzlich nähmen die mittlerweile gemeinschaftsrechtlich geprägten Fachplanungen Einfluss auf die Ebene der nationalen Raumordnung. Als dritter Akteur auf nationaler Ebene sei somit auch die regionale Strukturförderung in die Entwicklung einzubeziehen, was aber durch die typische Ansiedlung im Wirtschaftsministerium erschwert werde. Daher sei es interessant, die bisherige parallele Arbeit von Raumordnung und regionaler Strukturförderung stärker zu verknüpfen, um so auch finanzielle Mittel zu mobilisieren.

Knopp hielt die Ansiedlung der Koordinierung im Raumordnungsrecht für sinnvoll, denn letztlich könne diese Aufgabe der länderübergreifenden Koordination nur von einer gesetzlich verankerten Institution erledigt werden, wozu die Raumordnung auch den besten Platz biete. Die Einbeziehung der Fördermittel sei auch sinnvoll, was auch gesetzlich verankert werden könne.

Pawlowski betonte, dass die WRRL abschließend einen Plan verlange, in dem bereits nach Art. 4 WRRL alle Belange nach Maßgabe des Bewirtschaftungsziels berücksichtigt werden müssten. Das Konzept im deutschen Recht sei jedoch, dass die Fachplanung immer unterhalb der Raumplanung stehe. Diese bestehende Diskrepanz werde dahingehend aufgelöst, dass die Raumplanung bereits in die Planung der wasserrechtlichen Bewirtschaftungsziele einbezogen werde. Diese Koordinierung sei Aufgabe der Bezirksregierung. Ein Heranrücken der einzelnen Umweltschutzplanungen habe bereits vor Erlass der WRRL begonnen, so dass eine zunehmende Ökologisierung der Wasserwirtschaft zu verzeichnen gewesen sei. Auch laufe bereits eine Koordinierung mit der Strukturförderung, auch wenn dies unter dem Gesichtspunkt der jeweils kosteneffizientesten Maßnahme auch kritisch zu beurteilen sei. Bei der internationalen Koordination innerhalb der Flussgebiete träten unterschiedliche Interessen und fachliche Dissense auf, die oftmals eine Abstimmung stark erschwerten. Die Koordination werde auch durch den engen Zeitrahmen erschwert, da die wasserrechtliche Fachplanung grundlegend ihr bisheriges Bewirtschaftungskonzept durch die WRRL zu erweitern habe. Künftige Bauleitplanungen würden auf die Auswirkungen des Gewässerzustands hin untersucht und Ausnahmen seien nur nach Maßgabe des § 25 d WHG machbar. Insoweit fände ein Dialog zwischen Wasserwirtschaft und Kommunen statt.

Durner meinte, dass der Begriff der »territorialen Governance« auch einen Ansatz an den Akteuren beinhalte. Dass über diesen akteursbezogenen Ansatz bereits diskutiert werde, erkenne man an der Debatte über die personelle Bindungswirkung im Rahmen des § 4 ROG[4]. Schließlich müsse man sich zudem der Ansicht stellen, dass durch Finanzströme das Verhalten sehr viel nachhaltiger zu beeinflussen sei als durch die förmlichen Pläne. Inwieweit die Steuerungswirkung der Raumordnung reiche, hänge in gewisser Weise auch mit der jeweiligen Ansiedlung der Raumplanung in einem Ressort zusammen. Infolgedessen sei die Grundfrage nach der entsprechenden Ansiedlung der Raumordnung in einem Ressort auch daran zu entscheiden, dass die Raumordnung ihrer Funktion als neutraler Makler nachkommen müsse. Hier böte sich die Ebene der regionalen Planungsgemeinschaften an, in der die Gebietskörperschaften selber durch ihre politischen Organe vertreten seien. In den oberen Bereichen könne man an die Kabinettsebene denken oder auch eine Federführung durch das Justizministerium befürworten, da dieses keine eigenen Interessen an den Raum habe.

4 Raumordnungsgesetz – ROG – vom 18.08.1997, BGBl. I, 2081, zuletzt geändert durch Gesetz vom 09.12.2006, BGBl. I, 2833.

Auswirkungen des Hochwasserschutzes auf Raumordnungspläne

Dr. Carsten *Heemeyer,* Stadt Dortmund*

Die in der jüngeren Vergangenheit in Deutschland vermehrt aufgetretenen verheerenden Hochwasserereignisse waren Anlass für den Erlass des Gesetzes zur Verbesserung des vorbeugenden Hochwasserschutzes (Hochwasserschutzgesetz)[1], welches am 10.5.2005 in Kraft getreten ist. In diesem Beitrag soll untersucht werden, ob die mit dem Hochwasserschutzgesetz vorgenommenen Veränderungen der Rechtslage direkt oder indirekt Auswirkungen auf den Inhalt von Raumordnungsplänen haben.[2]

I. Änderungen im Raumordnungs- und Wasserhaushaltsgesetz durch das Hochwasserschutzgesetz

Zur Einführung sollen die wesentlichen Änderungen des Wasserhaushalts- und des Raumordnungsgesetzes durch das Hochwasserschutzgesetz dargestellt werden.

1. Änderungen des Wasserhaushaltsgesetzes

Zunächst normiert der neue § 31a WHG die zentralen Ziele und Grundsätze des Hochwasserschutzes.[3] Danach sind Gewässer nach drei Leitlinien zu bewirtschaften (§ 31a Abs.1 S.1 WHG): eine weitestmögliche Hochwasserzurückhaltung, die Gewährleistung schadlosen Hochwasserabflusses sowie die Vorbeugung der Entstehung von Hochwasser.

---

* Der Vortrag gibt die persönliche Meinung des Verfassers wieder und ist in keiner Weise der Stadt Dortmund zuzurechnen.

1 Gesetz zur Verbesserung des vorbeugenden Hochwasserschutzes v. 3.5.2005 (BGBl I S.1224).

2 Ausführlich dazu sowie zu den Auswirkungen auf Bauleitpläne *Heemeyer,* Auswirkungen des Hochwasserschutzgesetzes auf Raumordnungs- und Bauleitpläne, Beiträge zum Raumplanungsrecht, Bd.232, 2007.

3 Begründung des Gesetzentwurfs der Bundesregierung zum Hochwasserschutzgesetz, BT-Drs. 15/3168, S.8; vgl. dazu nur *Berendes,* ZfW 2005, 197 (204 f); *Stüer,* ZfBR 2007, 17 (17 f).

Durch die Regelung wurde zudem eine Pflicht zur Eigenvorsorge und zur Schadensminderung für alle möglicherweise von Hochwasser betroffenen Personen eingeführt. Weiterhin ist eine Verpflichtung zur Einführung landesrechtlicher Regelungen zu Informationen über Hochwassergefahren, geeignete Vorsorgemaßnahmen und Verhaltensmaßregeln sowie Hochwasserwarnungen enthalten.

§ 31b WHG umfasst eine Vielzahl von Regelungen zu Überschwemmungsgebieten. Zunächst enthält er die gegenüber der alten Rechtslage unveränderte Definition des Begriffs der Überschwemmungsgebiete. Danach sind Überschwemmungsgebiete Gebiete zwischen oberirdischen Gewässern und Deichen oder Hochufern und sonstige Gebiete, die bei Hochwasser überschwemmt oder durchflossen oder die für die Hochwasserentlastung oder Rückhaltung beansprucht werden (§ 31b Abs.1 S.1 WHG).

Damit sind neben Hochwasserabflussgebieten auch Retentionsräume, die vom Hochwasser nur überstaut werden,[4] so dass das Wasser dort nur noch langsam fließt oder steht, erfasst. Weiterhin nicht Teil von Überschwemmungsgebieten sind nach der Definition solche Gebiete, deren Überflutung durch Hochwasserschutzeinrichtungen wie Deiche verhindert wird.[5] Sie unterfallen jedoch der mit dem Hochwasserschutzgesetz neu eingeführten Kategorie der überschwemmungsgefährdeten Gebiete nach § 31c WHG.[6]

Da die Legaldefinition keine Aussage zur statistischen Wahrscheinlichkeit enthält, kommt es hierauf für das Vorliegen eines Überschwemmungsgebiets nach § 31b Abs.1 WHG nicht an.[7] Bei der Prüfung der genannten

4 Vgl. *Knopp,* in: Sieder u. a., WHG, Stand September 2007, § 31b Rn.13; *Engel/Knopp,* KommP BY 2006, 204 (205).

5 Begründung des Gesetzentwurfs der Bundesregierung zum Hochwasserschutzgesetz, BT-Drs. 15/3168, S.13; *Berendes,* ZfW 2005, 197 (205); *Engel/Knopp,* KommP BY 2006, 204 (205); *Stüer,* ZfBR 2007, 17 (18), zumindest missverständlich *Mitschang,* LKV 2006, 433 (436).

6 Begründung des Gesetzentwurfs der Bundesregierung zum Hochwasserschutzgesetz, BT-Drs. 15/3168, S.13.

7 *Berendes,* ZfW 2005, 197 (205); *Hünnekens/Arnold,* BauR 2006, 1232 (1234); *Paul/Pfeil,* NVwZ 2006, 505 (506).

Voraussetzungen ist daher vom höchsten bekannten Hochwasser auszugehen.[8]

Weiterhin wurde eine striktere Verpflichtung zur Ausweisung von Überschwemmungsgebieten aufgenommen. Hierdurch sollte gewährleistet werden, dass in verstärktem Maße Überschwemmungsgebiete förmlich festgesetzt werden. Die alte Verpflichtung zur förmlichen Festsetzung in § 32 Abs.1 WHG a.F. hatte dazu geführt, dass den Ländern bei der Festsetzung der Überschwemmungsgebiete – trotz der im Gesetz auch damals vorgesehenen Verpflichtung –[9] jedenfalls im Ergebnis ein Ermessensspielraum erheblichen Umfangs zukam.[10] Die Regelung gibt für die Umsetzung der Verpflichtung Fristen von fünf bzw. sieben Jahren nach dem In-Kraft-Treten des Hochwasserschutzgesetzes (§ 31b Abs.2 S.3 und 4 WHG) sowie eine Öffentlichkeitsbeteiligung bei der Festsetzung (§ 31b Abs.2 S.5 WHG) vor.

Diese Verpflichtung gilt für Überschwemmungsgebiete auf der Grundlage eines 100-jährlichen Bemessungshochwassers. Weitere Voraussetzung ist, dass sie an einem Gewässer bzw. Gewässerabschnitt liegen, der (gemäß der Verpflichtung in § 31b Abs.2 S.1 WHG) durch Landesrecht als ein solcher bestimmt worden ist, bei dem durch Hochwasser nicht nur geringfügige Schäden entstanden oder zu erwarten sind.[11]

Wie die weiteren Regelungen zeigen, sind auch bereits bebaute Bereiche in die Überschwemmungsgebiete einzubeziehen. Zuvor war die Länderpraxis im Hinblick auf den für die Schutzwirkung wesentlichen Aspekt der Einbeziehung bebauter Bereiche in Überschwemmungsgebiete unterschiedlich.[12] Das *Bundesverwaltungsgericht* hat diese Frage im Jahre 2004

---

8 *Paul/Pfeil,* NVwZ 2006, 505 (506); differenzierend *Knopp,* in: Sieder u. a., WHG, Stand September 2007, § 31b Rn.15; enger *Engel/Knopp,* KommP BY 2006, 204 (205).

9 Vgl. *Hünnekens/Arnold,* BauR 2006, 1232 (ebd.).

10 So wohl auch *Knopp,* in: Sieder u. a., WHG, Stand September 2007, § 31b Rn.18; *Jekel,* ZUR 2005, 393 (395); vgl. ferner *Paul/Pfeil,* NVwZ 2006, 505 (507 mit Fn. 11) (»Ermessensspielraum«).

11 In Nordrhein-Westfalen erfolgt diese Bestimmung durch eine Verwaltungsvorschrift, die vom Umweltministerium erlassen wird.

12 *Hünnekens/Arnold,* BauR 2006, 1232 (1234); *Jekel,* ZUR 2005, 393 (396). Im Land NRW wurden bebaute Bereiche beispielsweise nicht in festgesetzte Überschwemmungsgebiete einbezogen.

dahingehend entschieden, dass die Einbeziehung bebauter Ortslagen in das Überschwemmungsgebiet regelmäßig im Sinne der rahmenrechtlichen Vorgabe des § 32 Abs.1 S.2 WHG a.F. erforderlich war.[13] Auch die Erforderlichkeit einer Öffentlichkeitsbeteiligung bei der Festsetzung von Überschwemmungsgebieten wurde in den Ländern nicht einheitlich beurteilt.[14]

Ein Kernstück der Novellierung war § 31b Abs.4 WHG, der die Rechtsfolgen einer förmlichen Ausweisung von Überschwemmungsgebieten für die Bodennutzung erweitert und verschärft hat. Danach dürfen in den Überschwemmungsgebieten, für die eine Pflicht zur förmlichen Ausweisung besteht, außer für Häfen und Werften keine neuen Baugebiete durch Bauleitpläne ausgewiesen werden (§ 31b Abs.4 S.1 WHG). Ausnahmen können nur unter engen Voraussetzungen zugelassen werden (§ 31b Abs.4 S.2 WHG).

Die am schwersten zu überwindende Voraussetzung dürfte dabei die sein, nach der keine anderen Möglichkeiten der Siedlungsentwicklung bestehen oder geschaffen werden können (Nr.1). Die Ausnahmeregelung ist insofern streng formuliert, als sie es nicht ausreichen lässt, dass keine *zumutbaren* anderen Möglichkeiten der Siedlungsentwicklung bestehen oder geschaffen werden können[15] – jedwede Alternative der Siedlungsentwicklung lässt diese Voraussetzung entfallen.[16]

Auch die Errichtung und Erweiterung einer baulichen Anlage nach den §§ 30, 34 und 35 BauGB wird in förmlich festgesetzten Überschwemmungsgebieten unter Genehmigungsvorbehalt gestellt (§ 31b Abs.4 S.3 WHG). Die Genehmigung darf danach nur erteilt werden, wenn verschiedene Voraussetzungen, die nachteilige Auswirkungen des Vorhabens auf

---

13 *BVerwG,* Urt. v. 22.7.2004 – 7 CN 1.04 –, BVerwGE 121, 283 (287 ff).

14 *Jekel,* ZUR 2005, 393 (396).

15 Vgl. *Knopp,* in: Sieder u. a., WHG, Stand September 2007, § 31b Rn.64; *Hünnekens/Arnold,* BauR 2006, 1232 (1238).

16 Insbesondere ist somit irrelevant, ob wirtschaftliche oder städtebauliche Gründe gegen die alternative Siedlungsentwicklung und für die Ausweisung eines neuen Baugebiets in einem Überschwemmungsgebiet sprechen. Gründe für das Fehlen von alternativen Möglichkeiten der Siedlungsentwicklung können topografische Gegebenheiten oder die Tatsache sein, dass das gesamte Gemeindegebiet innerhalb eines festgesetzten Überschwemmungsgebietes liegt; vgl. *Engel/Knopp,* KommP BY 2006, 253 (ebd.); vgl. zur erstgenannten Variante auch *Hünnekens/Arnold,* BauR 2006, 1232 (1238).

den vorbeugenden Hochwasserschutz verhindern sollen, kumulativ vorliegen (§ 31b Abs.4 S.4 WHG).

Um ein möglichst frühzeitiges Eingreifen dieser Baubeschränkung und des grundsätzlichen Bauplanungsverbots zu gewährleisten, wurde die Pflicht der Länder zur vorläufigen Sicherung von noch nicht festgesetzten Überschwemmungsgebieten aufgenommen (§ 31b Abs.5 S.1 WHG). Sobald eine solche vorläufige Sicherung erfolgt ist, gelten die angesprochenen Regelungen entsprechend (§ 31b Abs.5 S.2 WHG).

Vorläufig gesichert werden können dabei nur solche Überschwemmungsgebiete, für die nach § 31b Abs.2 WHG eine Verpflichtung zur Festsetzung besteht. Die vorläufige Sicherung hat nach den Vorgaben des jeweiligen Landesrechts zu erfolgen, wobei eine kartenmäßige Darstellung ausreichend sein dürfte.[17]

Schließlich findet sich in Absatz 6 des § 31b WHG die zuvor in § 32 WHG a.F. enthaltene Regelung zum Erhaltungs- und Wiederherstellungsgebot im Hinblick auf Überschwemmungsgebiete.

Durch die Einführung der Kategorie der überschwemmungsgefährdeten Gebiete in § 31c WHG sollte der Hochwasserschutz mittels geeigneter Schutzregelungen (nach Maßgabe des Landesrechts) auf diese Gebiete ausgedehnt werden.[18] Die Kategorie der überschwemmungsgefährdeten Gebiete erfasst dabei zwei verschiedene Untergruppen. Gemäß § 31c Abs.1 S.1 Alt.1 WHG sind überschwemmungsgefährdete Gebiete zum einen solche Gebiete, die Überschwemmungsgebiete iSv § 31b Abs.1 WHG sind, aber keiner Festsetzung nach § 31b Abs.2 S.3 und 4 WHG bedürfen. Zum anderen ordnet § 31c Abs.1 S.1 Alt.2 WHG auch solche Gebiete den überschwemmungsgefährdeten Gebieten zu, die bei Versagen von öffentlichen Hochwasserschutzeinrichtungen, insbesondere Deichen, überschwemmt werden können.

Zur erstgenannten Gruppe zählen Überschwemmungsgebiete an Gewässern oder Gewässerabschnitten, die gemäß § 31b Abs.2 S.1 WHG durch Landesrecht *nicht* als solche bestimmt wurden, bei denen durch Hochwasser

---

17 Ausführlich dazu *Heemeyer,* Auswirkungen des Hochwasserschutzgesetzes, 2007, S.40 f mwN.

18 Begründung des Gesetzentwurfs der Bundesregierung zum Hochwasserschutzgesetz, BT-Drs. 15/3168, S.8.

nicht nur geringfügige Schäden entstanden oder zu erwarten sind.[19] Gleiches gilt für Überschwemmungsgebiete iSv § 31b Abs.1 WHG, soweit die Legaldefinition nur unter Zugrundelegung eines statistisch weniger als einmal in 100 Jahren auftretenden Bemessungshochwassers erfüllt ist.[20] Da hier auf die Legaldefinition des § 31b Abs.1 WHG Bezug genommen wird, ist bei der Ermittlung von überschwemmungsgefährdeten Gebieten vom höchsten bekannten Hochwasser auszugehen.[21]

Durch § 31d WHG wird ein bundesrechtlicher Rahmen für die Hochwasserschutzplanung eingeführt. Die Regelung begründet eine Verpflichtung zum Erlass von flussgebietsbezogenen Hochwasserschutzplänen bis zum 10.5.2009 (soweit entsprechende Pläne nicht ohnehin schon existieren) sowie zur Veröffentlichung und Aktualisierung derselben. Diese Pläne dienen dem Ziel, mindestens die Gefahren, die von einem statistisch einmal in 100 Jahren zu erwartenden Hochwasser ausgehen, so weit wie möglich zu minimieren (§ 31d Abs.1 S.2 WHG).

In die Hochwasserschutzpläne sind insbesondere Maßnahmen zum Erhalt oder zur Rückgewinnung von Rückhalteflächen, zu deren Flutung und Entleerung nach den Anforderungen des optimierten Hochwasserabflusses in Flussgebietseinheiten, zur Rückverlegung von Deichen, zum Erhalt oder zur Wiederherstellung von Auen sowie zur Rückhaltung von Niederschlagswasser aufzunehmen (§ 31d Abs.1 S.3 WHG).[22]

Schließlich enthält § 32 WHG die Verpflichtung zur Kooperation in Flussgebietseinheiten nach Maßgabe des Landesrechts.

---

19 Vgl. *Knopp,* in: Sieder u. a., WHG, Stand September 2007, § 31c Rn.3; *Kotulla,* NVwZ 2006, 129 (132).

20 Begründung des Gesetzentwurfs der Bundesregierung zum Hochwasserschutzgesetz, BT-Drs. 15/3168, S.14; *Breuer,* NuR 2006, 614 (622); *Jekel,* ZUR 2005, 393 (397 f); vgl. dazu auch *Berendes,* ZfW 2005, 197 (209); *Kotulla,* NVwZ 2006, 129 (132); a.A. *Knopp,* in: Sieder u. a., WHG, Stand September 2007, § 31c Rn.6.

21 A.A. *Berendes,* ZfW 2005, 197 (209); *Kotulla,* NVwZ 2006, 129 (132); beide gehen vom Fehlen einer bundesweit einheitlichen Mindestschwelle aus und verweisen auf die regional unterschiedlichen Verhältnisse in Deutschland. Ebenfalls abweichend *Cormann,* in: Beck´scher Online-Kommentar WHG, 2008, § 31c Rn.5; *Knopp,* in: Sieder u. a., WHG, Stand September 2007, § 31c Rn.6, denen zufolge trotz des Verweises auf § 31b Abs.1 WHG das 100-jährliche Hochwasser die Bemessungsgrundlage darstellt.

22 Vgl. dazu *Berendes,* ZfW 2005, 197 (210 f); *Stüer,* ZfBR 2007, 17 (19 f).

2. Änderungen des Raumordnungsgesetzes

§ 7 Abs.2 ROG umschreibt den Mindestinhalt, den Raumordnungspläne im Regelfall haben sollen.[23] Um den Grundsatz des vorbeugenden Hochwasserschutzes in § 2 Abs.2 Nr.8 S.7 ROG zu konkretisieren, wurde in § 7 Abs.2 S.1 Nr.2 ROG geregelt, dass zu Festlegungen zur anzustrebenden Freiraumstruktur, welche Raumordnungspläne enthalten sollen, auch Freiräume zur Gewährleistung des vorbeugenden Hochwasserschutzes gehören können.[24]

Außerdem wurde durch die neue Nummer 5 in § 7 Abs.3 S.2 ROG klargestellt, dass auch die raumbedeutsamen Erfordernisse und Maßnahmen des vorbeugenden Hochwasserschutzes nach den Vorschriften des Wasserhaushaltsgesetzes zur Aufnahme in Raumordnungspläne geeignet und nach Maßgabe von § 7 Abs.7 ROG zur Koordinierung von Raumansprüchen erforderlich sind sowie durch Ziele und Grundsätze der Raumordnung gesichert werden können.[25]

Die Regelung in § 7 Abs.3 ROG stellt ebenso wie § 7 Abs.2 ROG keine inhaltliche Schranke für zulässige raumordnerische Festlegungen dar, sondern ist vielmehr eine grundsätzliche Legitimation für raumordnerische Festlegungen dieses Inhalts.[26] Beide Neuregelungen sind daher insofern nur klarstellender Natur, als die diesbezüglichen Aufzählungen ausweislich des in beiden Regelungen verwendeten Begriffs »insbesondere« nur beispielhaft und nicht abschließend sind.[27] Sie führen daher nicht zu einer Veränderung der Rechtslage und erzwingen auch keine Änderungen des Inhalts von Raumordnungsplänen.

---

23 *BVerwG,* Urt. v. 15.5.2003 – 4 CN 9.01 –, BVerwGE 118, 181 (189).

24 Begründung des Gesetzentwurfs der Bundesregierung zum Hochwasserschutzgesetz, BT-Drs. 15/3168, S.16.

25 Begründung des Gesetzentwurfs der Bundesregierung zum Hochwasserschutzgesetz, BT-Drs. 15/3168, S.16.

26 *Runkel,* in: Bielenberg/Runkel/Spannowsky, Raumordnungs- und Landesplanungsrecht, Bd.2, Stand September 2008, K § 3 Rn.135.

27 *Mitschang,* LKV 2006, 433 (441); vgl. auch *Runkel,* in: Bielenberg/Runkel/Spannowsky, Raumordnungs- und Landesplanungsrecht, Bd.2, Stand September 2008, K § 3 Rn.133.

II. Hochwasserschutz und Raumordnungsplanung nach dem Hochwasserschutzgesetz

1. Vorbeugender Hochwasserschutz als Grundsatz nach § 2 Abs.2 Nr.8 S.7 ROG

Ausgangspunkt für die Bedeutung des vorbeugenden Hochwasserschutzes für Raumordnungspläne ist der bereits vor dem Hochwasserschutzgesetz geltende Bundesgrundsatz zum vorbeugenden Hochwasserschutz in § 2 Abs.2 Nr.8 S.7 ROG. Danach ist für den vorbeugenden Hochwasserschutz an der Küste und im Binnenland zu sorgen, im Binnenland vor allem durch Sicherung oder Rückgewinnung von Auen, Rückhalteflächen und überschwemmungsgefährdeten Bereichen.

Grundsätze der Raumordnung sind gemäß der Legaldefinition in § 3 Nr.3 ROG allgemeine Aussagen zur Entwicklung, Ordnung und Sicherung des Raums in oder auf Grund von § 2 als Vorgaben für nachfolgende Abwägungs- und Ermessensentscheidungen. Sie sind daher von öffentlichen Stellen bei raumbedeutsamen Planungen und Maßnahmen iSv § 4 Abs.1 ROG in der Abwägung oder bei der Ermessensausübung nach Maßgabe der dafür geltenden Vorschriften zu berücksichtigen (§ 4 Abs.2 ROG); entsprechendes gilt auch bei Genehmigungen, Planfeststellungen und sonstigen behördlichen Entscheidungen über die Zulässigkeit raumbedeutsamer Maßnahmen von Personen des Privatrechts (§ 4 Abs.4 S.1 ROG).

Die Verankerung dieses Grundsatzes im Raumordnungsgesetz hat mehrere Folgen. Zunächst ist der vorbeugende Hochwasserschutz nach Maßgabe dieses Grundsatzes als ein Belang von vielen bei der Aufstellung und Änderung von Raumordnungsplänen in die Abwägung nach § 7 Abs.7 ROG einzustellen. Danach ist dieser Grundsatz unter anderem mit anderen Grundsätzen (§ 7 Abs.7 S.1 ROG), dem Umweltbericht und den Stellungnahmen von Behörden und Öffentlichkeit (§ 7 Abs.7 S.2 ROG) und sonstigen öffentlichen sowie privaten Belangen abzuwägen.

Im Hinblick auf das Erfordernis der Abwägung erfasst die Regelung des § 7 Abs.7 ROG alle möglichen Inhalte von Raumordnungsplänen bzw. den Plan im Ganzen – dazu gehören neben Zielen der Raumordnung auch

Grundsätze der Raumordnung.[28] Die in § 2 Abs.2 Nr.8 S.7 ROG enthaltenen Belange des vorbeugenden Hochwasserschutzes sind daher bei der Aufstellung und Änderung von Raumordnungsplänen im Ganzen und nicht etwa nur bei Zielen der Raumordnung in die Abwägung einzustellen und beeinflussen auf diese Weise den Inhalt des Raumordnungspläne.

Das Gewicht, mit welchem der Bundesgrundsatz des vorbeugenden Hochwasserschutzes im Rahmen der Abwägung zu berücksichtigen ist, lässt sich nicht abstrakt im Voraus bestimmen, sondern ergibt sich erst aus der konkreten Planungssituation.[29] Anderes gilt dann, wenn diesem Belang auf anderem Wege ein besonderes Gewicht zugewiesen wird.

Weiterhin gibt § 7 Abs.1 S.1 ROG der Raumordnungsplanung vor, die Grundsätze der Raumordnung – und damit auch den des Hochwasserschutzes – nach Maßgabe der Leitvorstellung und des Gegenstromprinzips des § 1 Abs.2 und 3 ROG für den jeweiligen Planungsraum und einen regelmäßig mittelfristigen Zeitraum durch Raumordnungspläne zu konkretisieren. Hierfür stehen nach überwiegender Auffassung zwei Wege zur Verfügung – die Konkretisierung kann durch konkretere Grundsätze oder durch strikt verbindliche Ziele der Raumordnung erfolgen.[30]

Die Konkretisierungsverpflichtung ist eine weitere Auswirkung des Grundsatzes des vorbeugenden Hochwasserschutzes auf Raumordnungspläne. Dabei darf nicht aus den Augen verloren werden, dass es sich dabei nicht um eine absolute Verpflichtung handelt. Denn ob bzw. inwieweit eine Konkretisierung durch Ziele oder Grundsätze in einem Raumordnungsplan möglich bzw. geboten ist, bestimmt sich wie soeben dargelegt danach, ob bzw. inwieweit sich die Belange des vorbeugenden Hochwasserschutzes im Rahmen der Abwägung nach § 7 Abs.7 ROG durchsetzen können.

---

28 Vgl. dazu *Heemeyer,* Flexibilisierung der Erfordernisse der Raumordnung, 2006, S.28 ff mwN.

29 Vgl. allg. zur Gewichtung von Grundsätzen der Raumordnung *BVerwG,* Beschl. v. 17.6.2004 – 4 BN 5.04 –, Buchholz 310 § 47 VwGO Nr.166 S.142; *Heemeyer,* Flexibilisierung der Erfordernisse der Raumordnung, 2006, S.169.

30 Näher dazu *Heemeyer,* Flexibilisierung der Erfordernisse der Raumordnung, 2006, S.18 f und 25 f.

2. Wichtige Vorgaben des Wasserhaushaltsgesetzes für die Raumordnungsplanung

Das Wasserhaushaltsgesetz enthält nach dem zuvor Ausgeführten nach dem In-Kraft-Treten des Hochwasserschutzgesetzes 2005 bezüglich des vorbeugenden Hochwasserschutzes mehrere Vorgaben mit Auswirkungen auf Raumordnungspläne: das Bauplanungsverbot in festgesetzten und vorläufig gesicherten Überschwemmungsgebieten (§ 31b Abs.4 S.1 WHG), das Erhaltungs- und Wiederherstellungsgebot gemäß § 31b Abs. 6 WHG sowie die Kategorie der überschwemmungsgefährdeten Gebiete nach § 31c WHG. Es stellt sich nun die Frage, welche Bedeutung diese Vorgaben für die Raumordnungsplanung haben.

a) Bauplanungsverbot in festgesetzten und vorläufig gesicherten Überschwemmungsgebieten

Das durch das Hochwasserschutzgesetz eingeführte grundsätzliche Bauplanungsverbot in festgesetzten Überschwemmungsgebieten gemäß § 31b Abs.4 S.1 und 2 WHG erstreckt sich ausdrücklich nur auf die Ausweisung neuer Baugebiete durch Bauleitpläne. Raumordnungspläne sind keine Bauleitpläne und können keine Baugebiete nach § 1 Abs.2 BauNVO ausweisen; sie werden von dieser Regelung daher nicht erfasst.

Jedoch ist das Bauplanungsverbot in förmlich festgesetzten und vorläufig gesicherten Überschwemmungsgebieten für Raumordnungspläne nicht bedeutungslos. Denn zum einen ist diese Regelung Ausdruck der hohen Gefährdungslage in den Überschwemmungsgebieten. Zum anderen aber gilt auch für Ziele der Raumordnung das Gebot der Erforderlichkeit. Ziele der Raumordnung sind danach dann nicht aus überörtlichen Raumordnungsinteressen erforderlich, wenn ihrer Verwirklichung auf unabsehbare Zeit rechtliche oder tatsächliche Hindernisse entgegenstehen.[31] Daher dürften Ziele der Raumordnung, die eine nach § 31b Abs.4 S.1 und 2 WHG unzulässige Bodennutzung in förmlich festgesetzten und vorläufig

31 *BVerwG,* Beschl. v. 7.2.2005 – 4 BN 1/05 –, NVwZ 2005, 584 (586).

gesicherten Überschwemmungsgebieten vorsehen, mangels Erforderlichkeit im Ergebnis unwirksam sein.[32]

Obwohl also das Bauplanungsverbot für Raumordnungspläne nicht direkt gilt, darf ein Raumordnungsplan keine Festlegungen enthalten, welche die Bauleitplanung zu Festsetzungen oder Darstellungen verpflichten, die dem Bauplanungsverbot widersprechen. Dies gilt im Ergebnis auch dann, wenn weder eine förmliche Festsetzung noch eine vorläufige Sicherung erfolgt ist, aber eine Verpflichtung zur förmlichen Festsetzung nach § 31b Abs.2 S.3 und 4 WHG besteht; in diesem Fällen dürften derartige Festlegungen zumindest abwägungsfehlerhaft sein.[33]

b) Gebot der Erhaltung und Wiederherstellung von Überschwemmungsgebieten gemäß § 31b Abs.6 WHG

Gemäß § 31b Abs.6 S.1 WHG sind »Überschwemmungsgebiete nach den Absätzen 1, 2 und 5« in ihrer Funktion als Rückhalteflächen zu erhalten; soweit dem überwiegende Gründe des Wohls der Allgemeinheit entgegenstehen, sind rechtzeitig die notwendigen Ausgleichsmaßnahmen zu treffen. § 31b Abs.6 S.2 WHG schreibt vor, dass frühere Überschwemmungsgebiete, die als Rückhalteflächen geeignet sind, *so weit wie möglich* wieder hergestellt werden sollen, wenn überwiegende Gründe des Wohls der Allgemeinheit nicht entgegenstehen.

Beide Regelungen richten sich nicht an einen bestimmten Adressaten und binden damit alle Planungsträger und Nutzer, die mit ihren Vorhaben die Funktionsfähigkeit der erfassten Gebiete beeinträchtigen können.[34] § 31b Abs.6 WHG ist – wie bereits § 32 Abs.2 WHG a.F. –[35] unmittelbar geltendes Recht.[36] Daraus folgt, dass § 31b Abs.6 WHG seine Wirkung auch

32 *Heemeyer,* Auswirkungen des Hochwasserschutzgesetzes, 2007, S.65; i. E. ähnlich zu ausgewiesenen Überschwemmungsgebieten *Stüer,* NuR 2004, 415 (419); vgl. ferner *Spannowsky,* in: Bielenberg/Runkel/Spannowsky, Raumordnungs- und Landesplanungsrecht, Bd.2, Stand September 2008, K § 7 Rn.89.

33 *Heemeyer,* Auswirkungen des Hochwasserschutzgesetzes, 2007, S.65 f.

34 *BayVGH,* Urt. v. 27.4.2004 – 26 N 02.2437 –, NuR 2005, 109 (ebd.) mwN (zu § 32 Abs.2 S.1 WHG a.F.); *Stüer,* ZfBR 2007, 17 (19).

35 *BayVGH,* Urt. v. 27.4.2004 – 26 N 02.2437 –, NuR 2005, 109 (ebd.) (zu § 32 Abs.2 S.1 WHG a.F.).

36 *Stüer,* ZfBR 2007, 17 (19).

gegenüber der Raumordnungsplanung entfaltet; eine Veränderung der Rechtslage führt § 31b Abs.6 WHG insoweit nicht herbei.

Das Erhaltungs- und Wiederherstellungsgebot gilt nur für solche Überschwemmungsgebiete, für die § 31b Abs.2 S.3 und 4 WHG eine Verpflichtung zur förmlichen Ausweisung vorsieht.[37] Sofern die diesbezüglichen Voraussetzungen vorliegen, gelten das Erhaltungs- und das Wiederherstellungsgebot nach § 31b Abs.6 WHG für gemäß § 31b Abs.2 S.3 und 4 WHG förmlich festgesetzte und iSv § 31b Abs.5 WHG vorläufig gesicherte Überschwemmungsgebiete ebenso wie für solche Gebiete, bei denen bisher weder das eine noch das andere erfolgt ist.

Die gesetzliche Regelung zeigt, dass von diesem Erhaltungsgebot unter bestimmten Voraussetzungen abgewichen werden kann. Erste Voraussetzung dafür ist, dass der Erhaltung von Überschwemmungsgebieten überwiegende Gründe des Wohls der Allgemeinheit entgegenstehen; weiterhin sind rechtzeitig die notwendigen Ausgleichsmaßnahmen zu treffen.

Wie der Begriff »überwiegend« zeigt, ist das Vorliegen dieser Abweichungsvoraussetzung nicht durch bloße Subsumtion, sondern nur durch Abwägung mit den Belangen des vorbeugenden Hochwasserschutzes feststellbar.[38] Aus diesem Grund handelt es sich bei § 31b Abs.6 S.1 WHG anders als bei § 31b Abs.4 S.1 WHG nicht um einen verbindlichen Planungsleitsatz, sondern um einen Planungsgrundsatz.[39] Die für die Aufgabe des Überschwemmungsgebiets sprechenden Gründe des Allgemein-

---

37 Vgl. dazu ausführlich *Heemeyer,* Auswirkungen des Hochwasserschutzgesetzes, 2007, S.46 f; ebenso *Knopp,* in: Sieder u. a., WHG, Stand September 2007, § 31c Rn.7; a.A. *Paul/Pfeil,* NVwZ 2006, 505 (510). Die Gegenansicht würde dazu führen, dass in überschwemmungsgefährdeten Gebieten gemäß § 31c Abs.1 S.1 Hs.1 WHG neben § 31c WHG (Hochwasserschutz als »einfacher« Belang) auch § 31b Abs.6 WHG (Optimierungsgebot) gelten würde, in überschwemmungsgefährdeten Gebieten nach § 31c Abs.1 S.1 Hs.2 WHG jedoch nicht. Die strengere Regelung in § 31b Abs.6 WHG soll dann insoweit § 31c WHG überlagern, vgl. *Paul/Pfeil,* aaO. Auch die aus dieser Ansicht folgende »Zweiteilung« von überschwemmungsgefährdeten Gebieten spricht gegen eine Anwendung von § 31b Abs.6 WHG auf Gebiete, für die keine Pflicht zur förmlichen Festsetzung nach § 31b Abs.2 S.3 und 4 WHG besteht.

38 Ausführlich dazu *Paul/Pfeil,* NVwZ 2006, 505 (510); vgl. auch *Knopp,* in: Sieder u. a., WHG, Stand September 2007, § 31b Rn.88; *Engel/Knopp,* KommP BY 2006, 253 (255).

39 Vgl. *Hünnekens/Arnold,* BauR 2006, 1232 (1237/1239); vgl. ferner *Paul/Pfeil,* NVwZ 2006, 505 (510).

wohls müssen im Hinblick auf die ihnen im konkreten Einzelfall zukommende Bedeutung die Belange des Hochwasserschutzes überwiegen, damit eine Abweichung vom Erhaltungsgebot möglich ist.[40]

Das grundsätzliche Erhaltungsgebot und das Erfordernis überwiegender Allgemeinwohlgründe in § 31b Abs.6 S.1 WHG zeigen, dass der Gesetzgeber den für die Erhaltung von Überschwemmungsgebieten sprechenden Belangen ein besonders hohes Gewicht zugewiesen hat.[41] Die angestrebte Erhaltung der festsetzungspflichtigen Überschwemmungsgebiete ist daher mit einem besonders hohen Gewicht in die Abwägung nach § 7 Abs.7 ROG einzustellen; sofern dies nicht erfolgt ist, liegt ein Abwägungsmangel vor.[42]

Gemäß § 31b Abs.6 S.2 WHG sollen frühere Überschwemmungsgebiete, die als Rückhalteflächen geeignet sind, so weit wie möglich wiederhergestellt werden, wenn überwiegende Gründe des Allgemeinwohls nicht entgegenstehen. Frühere Überschwemmungsgebiete sind solche, die inzwischen aufgehoben wurden, außer Kraft getreten oder wegen völliger Funktionslosigkeit gegenstandslos geworden sind.[43]

Ebenso wie für die Erhaltungspflicht gilt die Pflicht zur Wiederherstellung gemäß § 31b Abs.6 S.2 WHG nur dann, wenn »überwiegende Gründe des Wohls der Allgemeinheit nicht entgegenstehen«. Aus der Verbindung mit der hier gewählten Soll-Formulierung und der Einschränkung »so weit wie möglich« – als Ausformung eines Verhältnismäßigkeitserfordernisses

40 *Knopp,* in: Sieder u. a., WHG, Stand September 2007, § 31b Rn.88; *Engel/Knopp,* KommP BY 2006, 253 (255); vgl. auch *Paul/Pfeil,* NVwZ 2006, 505 (510). Die gerichtliche Kontrolle dieser Interessenabwägung ist nach Maßgabe der zur Überprüfung von planerischen Abwägungsentscheidungen entwickelten Grundsätze beschränkt; in diese Richtung tendierend auch *BayVGH,* Urt. v. 27.4.2004 – 26 N 02.2437 –, NuR 2005, 109 (110); *Knopp,* in: Sieder u. a., WHG, Stand September 2007, § 31b Rn.88.

41 *Heemeyer,* Auswirkungen des Hochwasserschutzgesetzes, 2007, S.50 f mwN.

42 Vgl. für die Bauleitplanung *BayVGH,* Urt. v. 30.7.2007 – 15 N 06.741 –, NVwZ-RR 2008, 309 (310).

43 Näher dazu *Kotulla,* WHG, 2003, § 32 Rn.24 (zu § 32 Abs.2 WHG a.F.); vgl. auch *Knopp,* in: Sieder u. a., WHG, Stand September 2007, § 31b Rn.90.

zwischen Aufwand und Nutzen für den Hochwasserschutz –[44] folgt aber, dass von einer Wiederherstellung auch dann abgesehen werden kann, wenn lediglich vernünftige Gründe wie beispielsweise zu hohe Kosten oder dringende andere Maßnahmen dafür sprechen.[45] Das Wiederherstellungsgebot ist daher als »einfacher« Belang in die Abwägung einzustellen.[46]

c) Überschwemmungsgefährdete Gebiete nach § 31c WHG

Die überschwemmungsgefährdeten Gebiete iSv § 31c WHG sind im Vergleich zu festsetzungspflichtigen Überschwemmungsgebieten durch Hochwasser weniger gefährdet. Im Gegensatz zu § 31b Abs.6 WHG weist die Regelung in § 31c WHG dem vorbeugenden Hochwasserschutz in den überschwemmungsgefährdeten Gebieten keinen besonderen Vorrang bzw. kein besonders erhöhtes Gewicht zu.[47] Sie enthält nur die Verpflichtung der Länder, die Gebiete, in denen erhebliche Beeinträchtigungen des Wohls der Allgemeinheit entstehen können, zu ermitteln und in Kartenform darzustellen sowie einen Verweis auf weitere landesrechtliche Regelungen.

Die in diesen Gebieten bestehende Überschwemmungsgefahr und die in diesem Falle drohenden Schäden sind daher lediglich als »einfache« Belange des Hochwasserschutzes in der Abwägung nach § 7 Abs.7 ROG zu berücksichtigen.[48] Dies gilt unabhängig davon, ob eine kartographische Darstellung der Gebiete vorliegt.[49] Auch im Hinblick auf die Abwägung nach § 7 Abs.7 ROG ist jedoch zu beachten, dass diesen »einfachen« Belangen des Hochwasserschutzes schon aus der Natur der Sache heraus regelmäßig ein hohes Gewicht in der Abwägung beizumessen ist.[50]

---

44 Eine Wiederherstellung ist daher nicht möglich, soweit die Maßnahmen zur Wiederherstellung im Hinblick auf die bestehenden Verhältnisse und Gegebenheiten außer Verhältnis zum Nutzen durch das wiederhergestellte Überschwemmungsgebiet stünden; *Knopp,* in: Sieder u. a., WHG, Stand September 2007, § 31b Rn.91. Dies wäre beispielsweise dann der Fall, wenn ein ganzes Siedlungsgebiet abgesiedelt werden müsste; das Erfordernis der Beseitigung einzelner Gebäude dürfte anders zu beurteilen sein; *Knopp,* in: Sieder u. a., WHG, Stand September 2007, § 31b Rn.91.

45 *Knopp,* in: Sieder u. a., WHG, Stand September 2007, § 31b Rn.90.

46 *Heemeyer,* Auswirkungen des Hochwasserschutzgesetzes, 2007, S.69.

47 *Heemeyer,* Auswirkungen des Hochwasserschutzgesetzes, 2007, S.70.

48 *Knopp,* in: Sieder u. a., WHG, Stand September 2007, § 31c Rn.7 f.

49 Vgl. zur Bauleitplanung *Mitschang,* LKV 2006, 433 (437).

50 Vgl. zur Bauleitplanung *Paul/Pfeil,* NVwZ 2006, 505 (509 f).

Die konkrete Gewichtung des vorbeugenden Hochwasserschutzes in der Abwägung nach § 7 Abs.7 ROG ist – sofern keinc besondere Gewichtungsvorgabe wie das Erhaltungsgebot vorliegt – von den Umständen des Einzelfalls abhängig. Kriterien können die statistische Häufigkeit von Hochwasser, die drohenden Schäden und die Intensität sein, mit der der Hochwasserschutz von der Planung betroffen wird. Berücksichtigt man nun, dass der vorbeugende Hochwasserschutz im Allgemeinen und die Sicherung oder Rückgewinnung von »überschwemmungsgefährdeten Bereichen« im Besonderen bereits als zu berücksichtigender Grundsatz der Raumordnung in § 2 Abs.2 Nr.8 S.7 ROG verankert waren, führt auch die Einführung des § 31c WHG zu keiner Veränderung der Rechtslage im Hinblick auf Raumordnungspläne.

III. Funktion der Raumordnungsplanung im Hochwasserschutz

1. Handlungsempfehlungen der Ministerkonferenz auf der Grundlage von § 32 WHG a.F.

Die bisherigen Ausführungen haben gezeigt, dass die durch das Hochwasserschutzgesetz eingeführten Änderungen wenig direkten Einfluss auf die Rechtslage im Hinblick auf Raumordnungspläne haben. Es stellt sich nun die Frage, ob das Hochwasserschutzgesetz mittelbare Folgen für den auf den vorbeugenden Hochwasserschutz bezogene Inhalte von Raumordnungsplänen hat. Schließlich stellen die Handlungsempfehlungen der Ministerkonferenz für Raumordnung auf die Rechtslage vor dem In-Kraft-Treten des Hochwasserschutzgesetzes ab. Erklärtes Ziel der dort formulierten Leitlinien war es, den vorbeugenden Hochwasserschutz insbesondere in den Bereichen zu stärken und zu sichern, in denen dies wasserrechtlich nach § 32 WHG a.F. nicht möglich war.[51]

Die Vorschläge in den Handlungsempfehlungen umfassen etwa die Einrichtung von Vorranggebieten für den vorbeugenden Hochwasserschutz, zur Sicherung von Überschwemmungsgebieten (unabhängig von ihrer

51 Vgl. dazu die Handlungsempfehlungen der Ministerkonferenz für Raumordnung zum vorbeugenden Hochwasserschutz vom 18.7.2000, GMBl S.514 ff; vgl. dazu auch *Runkel,* in: Bielenberg/Runkel/Spannowsky, Raumordnungs- und Landesplanungsrecht, Bd.2, Stand September 2008, K § 2 Rn.110.

förmlichen Festsetzung) und von rückgewinnbaren und zusätzlichen Überschwemmungsflächen sowie die Ausweisung von Vorbehaltsgebieten für den vorbeugenden Hochwasserschutz (im Übrigen).

2. Stärkung und Erweiterung des Hochwasserschutzes durch das Hochwasserschutzgesetz

Nun ist durch das Hochwasserschutzgesetz 2005 der Schutz durch das Wasserhaushaltsgesetz verstärkt und räumlich ausgeweitet worden. Zu denken ist etwa an das in festgesetzten und vorläufig gesicherten Überschwemmungsgebieten geltende grundsätzliche Bauplanungsverbot in § 31b Abs.4 S.1 und 2 WHG und die Einschränkungen der Bebaubarkeit nach § 31b Abs.4 S.3 und 4 WHG – auch im unbeplanten und beplanten Innenbereich – sowie an die Einführung der Kategorie der überschwemmungsgefährdeten Gebiete nach § 31c WHG.

Dieser verstärkte wasserrechtliche Schutz ändert jedoch nichts daran, dass auch nach neuer Rechtslage der Raumordnungsplanung wichtige Funktionen im Hinblick auf den vorbeugenden Hochwasserschutz zukommen. Dabei ist zunächst zu berücksichtigen, dass diese neuen, strikteren Regelungen nur bei solchen Überschwemmungsgebieten greifen, für die eine Pflicht zur förmlichen Festsetzung vorgegeben ist. Hinter Deichen oder »oberhalb« eines 100-jährlichen Bemessungshochwassers greifen diese nicht. Hier greift nicht einmal das Erhaltungsgebot.

Aber auch festsetzungspflichtige Überschwemmungsgebiete können weiterhin durch Vorranggebiete gemäß § 7 Abs.4 S.1 Nr.1 ROG effektiv gesichert werden. Dies betrifft zum einen förmlich festzusetzende Überschwemmungsgebiete, die noch nicht nach § 31 Abs.5 WHG vorläufig gesichert wurden, da insoweit die strikten Regelungen in § 31b Abs.4 WHG noch nicht greifen. Wie groß diese Gruppe von Überschwemmungsgebieten ist, hängt dabei nicht unwesentlich von der Antwort auf die Frage ab, ob das Bauplanungsverbot in § 31b Abs.4 S.1 und 2 WHG auch für nach alter Rechtslage durch die Länder festgesetzte Überschwemmungsgebiete gilt.

Dies ist nach meiner Auffassung nicht der Fall; das Verbot der Bauleitplanung in § 31b Abs.4 S.1 WHG gilt vielmehr kraft Bundesrechts nur für nach neuer Rechtslage und unter Einhaltung der genannten Voraussetzungen festgesetzte Überschwemmungsgebiete.[52] Insoweit dürfte daher nur das Erhaltungsgebot gelten.

Dafür spricht der Wortlaut der Regelung, demzufolge diese nur in »Überschwemmungsgebieten nach Absatz 2 Satz 3 und 4« (also auf der neuen Rechtsgrundlage festgesetzten) gilt.[53] Zudem hat der Gesetzgeber für solche Überschwemmungsgebiete keine gesonderte Regelung aufgenommen, während in § 31d Abs.3 S.2 WHG auf bestehende Hochwasserschutzpläne eingegangen wird. Auch die erheblichen Unterschiede zwischen der alten und der neuen Rechtslage sprechen für eine solche enge Auslegung.[54] So war bundesrechtlich eine Öffentlichkeitsbeteiligung nicht vorgesehen.[55] Gleiches gilt für das vorgeschaltete Verfahren zur Bestimmung der »gefährlichen« Gewässerabschnitte. Gleichzeitig wurden durch § 31b Abs.4 S.1 und 2 WHG die Rechtsfolgen der Festsetzung eines Überschwemmungsgebietes verschärft.

Soweit man nun daran denken wollte, durch den jeweiligen Landesgesetzgeber eine Überleitungsregelung zu schaffen, die die Anwendbarkeit des neuen Rechts auf nach alter Rechtslage festgesetzte Überschwemmungsgebiete anordnet,[56] so dürfte auch dies im Ergebnis keinen Bestand haben. Denn bei § 31b Abs.4 S.1 und 2 WHG handelt es sich um eine bauplanungsrechtliche Regelung.[57] Da der Bund von seiner konkurrierenden Kompetenz zur Regelung des Bauplanungsrechts insoweit umfassend

---

52 *BayVGH,* Urt. v. 30.7.2007 – 15 N 06.741 –, NVwZ-RR 2008, 309 (310); *Heemeyer,* Auswirkungen des Hochwasserschutzgesetzes, 2007, S.18 f; *Breuer,* NuR 2006, 614 (621); *Hünnekens/Arnold,* BauR 2006, 1232 (1236 f); *Mitschang,* LKV 2006, 433 (438); a.A. *Jekel,* ZUR 2005, 393 (397); abweichend auch *Berendes,* ZfW 2005, 197 (206), *Cormann,* in: Beck´scher Online-Kommentar WHG, 2008, § 31b Rn.10, die eine Festsetzung nach § 31b Abs.2 S.3 und 4 WHG dann nicht für erforderlich halten, wenn vorhandene Festsetzungen den neuen bundesrechtlichen Anforderungen entsprechen; ebenso *Knopp,* in: Sieder u. a., WHG, Stand September 2007, § 31b Rn.29, 60.

53 *BayVGH,* Urt. v. 30.7.2007 – 15 N 06.741 –, NVwZ-RR 2008, 309 (310); *Hünnekens/Arnold,* BauR 2006, 1232 (1236).

54 *BayVGH,* Urt. v. 30.7.2007 – 15 N 06.741 –, NVwZ-RR 2008, 309 (310); *Breuer,* NuR 2006, 614 (621).

55 *Hünnekens/Arnold,* BauR 2006, 1232 (1236 f).

56 So geschehen durch § 112 Abs.3 LWG NRW n.F.

57 *Heemeyer,* Auswirkungen des Hochwasserschutzgesetzes, 2007, S.10 f mwN.

und abschließend Gebrauch gemacht hat,[58] fehlt für eine abweichende (bauplanungsrechtliche) Regelung wohl die Gesetzgebungskompetenz.[59]

Zum anderen ist aber auch nach einer vorläufigen Sicherung iSv § 31b Abs.5 S.1 WHG eine Sicherung durch Vorranggebiete sinnvoll.[60] Denn die Verbote nach § 31b Abs.4 S.1 und 2 WHG gelten nicht für andere Fachplanungen.[61] Diese müssen lediglich die mit der Einordnung als Überschwemmungsgebiet oder überschwemmungsgefährdetes Gebiet verbundenen Belange des Hochwasserschutzes in die Abwägung einstellen; im Hinblick auf die Gewichtung ist zu berücksichtigen, dass § 31b Abs.6 WHG auch für die Fachplanung gilt.[62] Die Schutzwirkung eines Vorranggebiets geht aufgrund der von ihm ausgehenden strikten Beachtenspflicht nach § 4 Abs.1 ROG bzw. Anpassungspflicht nach § 1 Abs.4 BauGB[63] außerdem weiter als die des Erhaltungsgebots nach § 31b Abs.6 S.1 WHG, welches »nur« als Optimierungsgebot zu qualifizieren ist und damit im Ergebnis überwunden werden kann.[64]

Auch die regionalplanerische Sicherung von geeigneten rückgewinnbaren oder zusätzlichen Überschwemmungsgebieten mit dem Ziel der Erweiterung bzw. Wiederherstellung von Retentionsräumen wird Gegenstand von Festlegungen in Regionalplänen bleiben.

---

58 S. dazu nur *BVerfG,* Beschl. v. 9.11.1987 – 2 BvL 16/84 –, BVerfGE 77, 288 (301 f); *Paul/Pfeil,* NVwZ 2006, 505 (ebd.).

59 Vgl. zur Frage der Gesetzgebungskompetenz der Länder insoweit *Paul/Pfeil,* NVwZ 2006, 505 (ebd.).

60 Vgl. *Jekel,* ZUR 2005, 393 (399); *Paul/Pfeil,* NVwZ 2006, 505 (507).

61 Vgl. *Stüer,* NuR 2004, 415 (419).

62 Vgl. *Stüer,* NuR 2004, 415 (419).

63 Ziele der Raumordnung sind im Geltungsbereich dieser Vorschriften »gleichsam vor die Klammer des Abwägungsprozesses gezogen«; so zu § 1 Abs. 4 BauGB *BVerwG,* Beschl. v. 20.8.1992 – 4 NB 20.91 –, BVerwGE 90, 329 (332). Sie können nicht im Wege von Abwägungs- oder Ermessensentscheidungen überwunden werden; vgl. *BVerwG,* Urt. v. 20.11.2003 – 4 CN 6.03 –, BVerwGE 119, 217 (223); *BVerwG,* Beschl. v. 20.8.1992 – 4 NB 20.91 –, BVerwGE 90, 329 (332 ff) [zu § 1 Abs.4 BauGB]; *Heemeyer,* Flexibilisierung der Erfordernisse der Raumordnung, 2006, S.38 ff; *Kment,* Rechtsschutz im Hinblick auf Raumordnungspläne, 2002, S.73; *Maslaton,* LKV 2003, 318 (319). A.A. für die Bindung der luftverkehrsrechtlichen Fachplanung nunmehr *BVerwG,* Urt. v. 16.3.2006 – 4 A 1075.04 –, BVerwGE 125, 116 (135 ff).

64 Vgl. auch *Paul/Pfeil,* NVwZ 2006, 505 (507).

Auch den Schutz von überschwemmungsgefährdeten Gebieten kann die Regionalplanung sichern.[65] Gleiches gilt für die Sicherung von Standorten für Hochwasserschutzeinrichtungen, Maßnahmen zum Wasserrückhalt sowie mittelbar wirkende Maßnahmen wie regionale Grünzüge, die der Sicherung von Freiraumfunktionen, dem Wasserrückhalt und dem Freihalten von Besiedlung dienen.

3. Grenzen des vorbeugenden Hochwasserschutzes durch die Regionalplanung

Selbstverständlich muss die Raumordnungsplanung auch im Zusammenhang mit dem vorbeugenden Hochwasserschutz die ihr gesetzten Grenzen beachten. Die Raumordnung nimmt durch zusammenfassende, übergeordnete Raumordnungspläne ihre Entwicklungs-, Ordnungs- und Sicherungsfunktion wahr (§ 1 Abs.1 S.1 ROG). Übergeordnetheit ist hier in dem Sinne zu verstehen, dass die Raumordnung auf überörtliche Planung beschränkt ist, welche vielfältige Fachplanungen zusammenfasst und aufeinander abstimmt.[66] Es ist Aufgabe der Raumordnungsplanung, Aussagen zu Raumnutzungen oder Raumfunktionen in Fachplänen nach Abwägungsgrundsätzen aufeinander abzustimmen und dabei auftretende Konflikte auszugleichen.[67]

Die Raumordnungsplanung darf eine Fachplanung dabei grundsätzlich nicht ersetzen, sofern dies nicht – wie in § 7 Abs.3 S.2 Nr.1 Hs. 2 ROG – ausdrücklich gesetzlich angeordnet wird.[68] Einzelfachliche räumliche Belange und Nutzungsansprüche muss die Raumordnung der jeweiligen Fachplanung entnehmen und darf sie nicht selbständig formulieren oder

---

65 *Jekel,* ZUR 2005, 393 (399); *Paul/Pfeil,* NVwZ 2006, 505 (507).

66 So im Zusammenhang mit der Abgrenzung der Kompetenzen *BVerfG,* Rechtsgutachten v. 16.6.1954 – 1 PBvV 2/52 –, BVerfGE 3, 407 (425).

67 *BVerwG,* Urt. v. 30.1.2003 – 4 CN 14.01 –, BVerwGE 117, 351 (358); *Runkel,* in: Bielenberg/Runkel/Spannowsky (Hg.), Raumordnungs- und Landesplanungsrecht, Bd.2, Stand September 2008, K § 3 Rn.119.

68 Vgl. *BVerwG,* Urt. v. 16.3.2006 – 4 A 1075.04 –, BVerwGE 125, 116 (134); *BVerwG,* Urt. v. 30.1.2003 – 4 CN 14.01 –, BVerwGE 117, 351 (358 f); *Runkel,* in: Bielenberg/Runkel/Spannowsky (Hg.), Raumordnungs- und Landesplanungsrecht, Bd.2, Stand September 2008, K § 3 Rn.120; vgl. auch *Durner,* Konflikte räumlicher Planungen, 2005, S.254 f.

bestehende Vorgaben ersetzen.[69] Dies sind hier Inhalte von Hochwasserschutzplänen nach § 31d WHG, ggf. auch von Bewirtschaftungsplänen sowie die verschiedenen Gebietskategorien nach dem Wasserhaushaltsgesetz. Die Einordnung von Flächen in die Gebietskategorien des vorbeugenden Hochwasserschutzes und die Beantwortung anderer wasserfachlicher Fragen obliegt daher den zuständigen Wasserbehörden, die bei deren Ermittlung nach ihren fachlichen Kriterien vorgehen.[70]

Im welchem Umfang und in welcher Form die Sicherung des vorbeugenden Hochwasserschutzes durch Regionalpläne möglich und zulässig ist, hängt damit von der Gewichtung der Belange des Hochwasserschutzes und dem Ergebnis der Abwägung dieser Belange mit anderen öffentlichen und privaten Belangen und konkurrierenden Raumnutzungsansprüchen gemäß den Vorgaben in § 7 Abs.7 ROG ab. Auch die durch das Hochwasserschutzgesetz ausdrücklich aufgenommene Möglichkeit der Sicherung der »raumbedeutsamen Erfordernisse und Maßnahmen des vorbeugenden Hochwasserschutzes nach den Vorschriften des Wasserhaushaltsgesetzes« (§ 7 Abs.3 S.2 Nr.5 ROG) durch Ziele oder Grundsätze der Raumordnung setzt immer voraus, dass im Rahmen der Abwägung nach § 7 Abs.7 ROG die Belange des vorbeugenden Hochwasserschutzes überwiegen.[71]

Das Fazit der Betrachtungen lautet damit: Das Hochwasserschutzgesetz 2005 hat den wasserrechtlichen Schutz des vorbeugenden Hochwasserschutzes verstärkt, ohne jedoch wesentliche Auswirkungen auf die Inhalte von Raumordnungsplänen zu entfalten. Die Raumordnungsplanung behält ihre wichtige Funktion für den vorbeugenden Hochwasserschutz. Sie hat dabei lediglich die Grenzen der ihr zukommenden Rolle im Planungsgefüge zu beachten.

---

69 Vgl. *Runkel,* in: Bielenberg/Runkel/Spannowsky (Hg.), Raumordnungs- und Landesplanungsrecht, Bd.2, Stand September 2008, K § 3 Rn.121; *Schulte,* NVwZ 1999, 942 (943); a.A. *Goppel,* DVBl 2000, 86 (87).

70 *Heemeyer,* Auswirkungen des Hochwasserschutzgesetzes, 2007, S.43 f.

71 *Heemeyer,* Auswirkungen des Hochwasserschutzgesetzes, 2007, S.74 f. Auch insoweit geht es um eine »Koordinierung von Raumansprüchen« (§ 7 Abs.3 S.1 ROG). Diese wird eben dadurch sichergestellt, dass eine Aufnahme in Raumordnungspläne nur »nach Maßgabe von Absatz 7«, also nach einer Abwägung der verschiedenen Raumnutzungsansprüche, zulässig sein soll. Zur Anwendbarkeit des Abwägungsgebots nach § 7 Abs.7 ROG auch auf Grundsätze der Raumordnung *Heemeyer,* Flexibilisierung der Erfordernisse der Raumordnung, 2006, S.28 ff.

Hochwasserrisikomanagement zwischen konditional und final programmierter Steuerung

Prof. Dr.-Ing. Stefan *Greiving,* Technische Universität Dortmund

1. Einführung

Bisher kann Hochwasserschutz trotz der teilweisen Rigidität eher als »Eindämmungspolitik« des weiteren Risikoanstiegs charakterisiert werden. Die Wasserwirtschaft kann in Überschwemmungsgebieten weitere Entwicklungen unterbinden, Raumordnung wie Bauleitplanung sind in der Lage, auf die zukünftige Raumnutzung in überschwemmungsgefährdeten Bereichen Einfluss zu nehmen. Und ein Extremereignis kann auch nur bedingt durch Wasserrückhalt beeinflusst werden. Keiner der genannten Akteure ist jedoch in der Lage, auf den baulichen Bestand einzuwirken, der den überwältigenden Anteil der potenziell von Hochwasser betroffenen Flächen ausmacht. Folglich besteht lediglich die Möglichkeit, den weiteren Anstieg der Schadenspotenziale zu bremsen, nicht aber diese zu reduzieren. Und erst Schäden machen ein Hochwasser zur Katastrophe.

Dennoch wird für diese häufig eher ineffektive Vorgehensweise wirtschaftlichen Entwicklungsperspektiven ein Hindernis in den Weg gestellt, um das grundsätzlich sehr sinnvolle Ziel des Hochwasserschutzes zu verfolgen. In Überschwemmungsgebieten sind bauliche Entwicklungen weitgehend untersagt bzw. ist ein funktionaler Ausgleich für den Verlust von Retentionsraum zu erbringen, falls neu entwickelte Gebiete durch Eindeichungen oder Aufschüttungen hochwasserfrei bleiben bzw. werden. Nicht immer besteht aber die Möglichkeit, die Entwicklung an anderer Stelle zu verwirklichen oder stehen in der betroffenen Kommune Ausgleichsflächen für den Retentionsraumverlust zur Verfügung. Deshalb sollten alternative Maßnahmen, wie etwa Bauvorsorge, ebenso in Betracht gezogen werden dürfen wie die Öffnung der Gebietskulisse auf Nachbarkommunen.

Zudem stellt sich die Frage, ob konditional-programmierte Regeln, wie etwa die Festlegung eines Überschwemmungsgebietes in Form einer Rechtsverordnung, noch rechtssicher sind, wenn die Tatbestandsvoraussetzungen im Zuge des Klimawandels immer unsicherer werden. So ist nicht länger klar, ob die auf Beobachtungen in der Vergangenheit beruhende Bemessung des 100-jährlichen Ereignisses gegenwärtig und zukünftig noch zu zutreffenden räumlichen Abgrenzungen des Gebietes führt. Diese Abgrenzung ist aber von entscheidender Bedeutung für die Einschränkung der mit Art. 14 GG grundgesetzlich geschützten Eigentumsrechte.

Daher wird mit dem Instrument der so genannten »Zielvereinbarungen« eine final programmierte Alternative aufgezeigt, die mehr Flexibilität und damit Entwicklungsperspektiven erlaubt und dennoch gleichzeitig das Ziel einer Risikominderung verwirklichen könnte, d. h. den Hochwasserschutz effektivieren würde. Dies ist als win-win-Situation anzusehen, die Voraussetzung für konsensuale Lösungen ist.

2. Problemstellung

Das Auseinanderfallen von Risiken und Chancen in einem Risikoraum (= Flusseinzugsgebiet) zwischen Oberliegern und Unterliegern oder anders ausgedrückt zwischen Nachfragern und Anbietern von Hochwasserschutz gehört zu den größten Herausforderungen für ein Hochwasserrisikomanagement. Gleichzeitig ist die staatliche Förderung von Hochwasserschutzmaßnahmen weiterhin geprägt durch eine Subvention von Einzelmaßnahmen und deren Kosten, ohne dass das Ergebnis (=Output) oder Einfluss auf das Risiko im Vordergrund stehen würden.

Dies ist ein Ausfluss des klassischen Ansatzes der Gefahrenabwehr. Im öffentlichen Ordnungsrecht zielt das technische Sicherheitsrecht primär auf die Gefahrenabwehr. Gefahr bezeichnet nach dem immer noch gültigen Verständnis des Preußischen OVG eine Lage, in der bei ungehindertem Ablauf des Geschehens ein Zustand oder ein Verhalten mit hinreichender Wahrscheinlichkeit zu einem Schaden durch äußere Einflüsse führen würde.[1] Ein Anlass zum staatlichen Einschreiten liegt abstrakt gesehen immer dann vor, wenn das Produkt von Schadensumfang und Eintrittswahrscheinlichkeit (Gefahrenprognose) eine bestimmte, normativ festgelegte Größe erreicht. Dann sind Abwehrmaßnahmen unabhängig von Aufwand, Zumutbarkeit oder Realisierbarkeit (= Output) erforderlich. Dieses

1 Preuß. OVG AS Bd. 77, 333, 338; 341, 345; 87, 301, 310.

Vorgehen ist typisch für die klassische Hochwasserschutzplanung, die sich an so genannten »Bemessungsfällen« (i. d. R. dem 100-jährlichen Hochwasser) orientiert.

Damit wird der gesamte Bereich der Verwundbarkeit, die das Risiko maßgeblich beeinflusst, ausgeblendet. Der folgenden Abbildung können die verschiedenen Einflüsse auf das Risiko entnommen werden, die prinzipiell alle als Stellgrößen begriffen werden können, die beim Risikomanagement der Naturgefahr Hochwasser berücksichtigt werden sollten:

Abbildung 1: Gefahr und Risiko

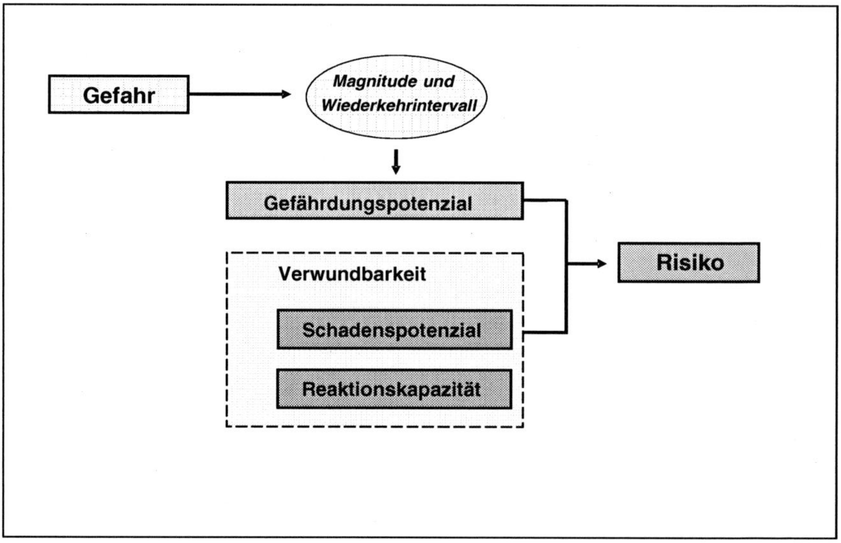

An der Abbildung wird deutlich, dass bei einer alleinigen Ausrichtung an der Gefahrenkomponente Effizienz und Effektivität nicht im Vordergrund stehen. Gleichzeitig gehen von diesem Ansatz keinerlei Anreize für einen ökonomischen Lastenausgleich aus, da nicht diejenigen, die das Risiko (mit-)verursachen, indem sie etwa als Oberlieger Retentionsraum beanspruchen, für die Maßnahmen aufkommen (»Verursacherprinzip«), sondern der Gesamtstaat und damit gleichermaßen alle steuerpflichtigen juristischen und natürlichen Personen des Privatrechts. Dieses Vorgehen entspricht dem so genannten »Gemeinlastprinzip«. Zuständig für die Finanzierung von Hochwasserschutzmaßnahmen sind in der Regel aufgrund ihrer Unterhaltungspflicht für Gewässer 1. Ordnung die Bundesländer, da die Zuständigkeit des Bundes für Bundeswasserstraßen (§§ 7, 8, 12 WaStrG) mit der Grenzlinie zwischen Wasserstraße und Ufer endet, womit alle Deiche und Retentionsflächen nicht unter die Finanzierungspflicht des Bundes fallen. Die Gelder stammen teilweise aus den allgemeinen Haushalten, teilweise aus der Gemeinschaftsaufgabe Agrarstruktur und Küstenschutz.

Es ist zwar auf der Hand liegend, dass für das bestehende Hochwasserrisiko das Verursacherprinzip kaum greifen kann, da die Verursachung in der Vergangenheit liegt (bestehende Flussbegradigungen, Besiedlung von Flussauen und hier der individuelle Verursacher kaum zu ermitteln ist) oder auf globale Entwicklungen (Klimawandel, demographische Entwicklung) zurückgeht. Gleichwohl ist auf Flussgebietsebene über die Aktionspläne Hochwasser (z. B. am Rhein) so etwas wie ein Verursacherprinzip erkennbar, dass jedoch nur auf nationaler Ebene greift. Aber auch auf Ebene von Regionen und Kommunen stellt sich die Lage zumindest für Neuplanungen so dar, dass hier die Verursacher identifizierbar sind (Gemeinden bzw. Vorhabenträger).

In der Planungspraxis stellt sich die Lage jedoch anders dar. Raumordnung wie Bauleitplanung gleichermaßen sind im Kern lediglich in der Lage, auf die zukünftige Raumnutzung, nicht jedoch den baulichen Bestand oder die Vorbereitung und Reaktion auf ein Ereignis Einfluss zu nehmen, was den Kommunen oder privaten Eigentümern anheim gestellt bleibt bzw. Aufgabe des Katastrophenschutzes ist.

Folglich greifen raumordnerische Festlegungen bzw. bauleitplanerische Darstellungen bzw. Festsetzungen alleine zu kurz, da sie lediglich den weiteren Anstieg der Schadenspotenziale zu bremsen in der Lage sind – eine Reduzierung des Risikos muss dagegen auf diese Weise misslingen. Zudem ist Raumordnung als überfachliche, überörtliche und übergeordnete Planung gehalten, Risiken wie auch Chancen gegeneinander abzuwägen, was nicht in jedem Fall zu einem absoluten Vorrang der Belange des Hochwasserschutzes führen sollte bzw. bei der gleichen Gefahrenlage in Abhängigkeit von den bestehenden und beabsichtigten Raumnutzungen zu unterschiedlichen Ergebnissen führen sollte. Ohnehin ist das Verhältnismäßigkeitsprinzip bei allen ordnungsrechtlichen Regelungen zu berücksichtigen.

Zweifellos befähigt das öffentliche Recht (Wasserrecht, Raumplanungsrecht) den Staat, weitere, risikoerhöhende Maßnahmen weitgehend zu unterbinden – doch zu einem hohen Preis, da diese fachgesetzlichen Unterschutzstellungen bzw. raumordnerischen Zielfestlegungen sehr unflexibel sind und ebenfalls nicht primär im Hinblick auf ihre Effektivität und Effizienz hin erfolgen, sondern quasi konditional programmiert sind.

Wenn eine Tatbestandsvoraussetzung gegeben ist (hier: wasserrechtliches Überschwemmungsgebiet bzw. raumordnerisches Vorranggebiet), ist dennoch die Rechtsfolge Bauverbot zwingend. Dieses Vorgehen provoziert angesichts divergierender Entwicklungsvorstellungen in Einzelfällen Widerstand und ist gleichzeitig für ein strategisches Gesamtziel wie eine möglichst große Reduzierung des Hochwasserrisikos (Effektivitätskriterium) gleichermaßen suboptimal wie für eine möglichst effiziente Verwendung gegebener Mittel für den Hochwasserschutz. Zudem entstehen erhebliche Opportunitätskosten, wenn Entwicklungschancen nicht realisiert werden können, die u. U. in keinem Verhältnis zum gegebenen Risiko stehen.

Zudem entstehen durch den globalen Wandel und insbesondere die Folgen des Klimawandels zusätzliche Unsicherheiten. Während bisher davon ausgegangen worden ist, dass Wahrscheinlichkeiten für bestimmte Bemessungswasserstände hinreichend sicher prognostiziert werden können, muss nunmehr angenommen werden, dass man sich von Wahrscheinlichkeiten (probabilities) zu bloßen Möglichkeiten bewegt (possibilities), weil durch die sich verändernde Umwelt kein Verlass mehr auf statistische Wiederkehrintervalle mehr besteht, die sich auf Beobachtungen in der Vergangenheit beziehen. Umso problematischer ist dann aber die Fixierung starrer Regeln, die zudem zu wenig Rücksicht auf die regional unterschiedlichen Folgen dieses Wandels einzugehen in der Lage sind (die Veränderungen in der Niederschlagsverteilung unterscheiden sich zwischen Flusseinzugsgebieten und sogar innerhalb von Teileinzugsgebieten).

Outputorientierte, zweckprogrammierte Abwägung im Einzelfall dient in diesem Zusammenhang der Erhaltung bzw. Gewinnung von Entscheidungsspielraum als eine Strategie der Kompensation von Unsicherheit durch Flexibilität. Das Offenhalten von Optionen ist dabei als eigenes Abwägungskriterium anzusehen, mit dem Entscheidungsalternativen bewertet werden (Hiller 1993, S. 149).

Dabei wird das Grundprinzip einer jeden folgenorientierten Entscheidung der Konsens als Grundlage der Legitimation sein müssen, weil das Recht selber bei fehlender Prognosegrundlage keine umfassenden Entscheidungskriterien mehr liefern kann, sondern auf außerrechtliche Bezüge zur Bewertung von Entscheidungsfolgen angewiesen ist. Der Konsens ist insofern das funktionale Äquivalent rechtlicher Normierung.

Der Diskurs wird dann zum Instrument der Normgenerierung, weil im Zusammenspiel aller Interessen und Werte eine neue gemeinsame Orientierung, also die Ausrichtung an Gemeinsamkeiten bei Leitbild und Zielen möglich wird. Der Diskurs gleicht damit die legitimatorischen Schwächen eines entformalisierten (Planungs-)Rechts aus, das nicht länger konditional programmiert ist. Faktischer Konsens wird dabei zum funktionalen Äquivalent rechtlicher Normierung, freiwillige Selbstverpflichtung ergänzt einen rechtsverbindlichen Akt (Hiller 1993, S. 151). Damit erfährt der konsensorientierte Diskurs seine rechtstheoretische Begründung.

Einen derartigen Diskurs sieht das Konzept der Zielvereinbarungen vor, auf das sich letztendlich alle Beteiligten im Rahmen einer vertraglich vereinbarten Selbstbindung verständigen.

3. Zielvereinbarungen – Das Konzept

Der Abschluss von Zielvereinbarungen entspricht dem Grundgedanken eines neuen Subventionsansatzes: Leistungsvereinbarungen verbunden mit quantifizierten Wirkungs- und Leistungsvorgaben an die Stelle der gegenwärtigen Förderung von Einzelprojekten zu setzen, deren Finanzierung subventioniert wird, ohne Rücksicht auf Wirkung und Ergebnis. So wurde bei der Finanzierung von technischen Hochwasserschutzbauten in der Vergangenheit viel zu wenig auf Kosteneffizienz geachtet, die in starkem Maße davon abhängig ist, welche Schutzgüter (etwa landwirtschaftliche Fläche einerseits oder zusammenhängende Bebauung) von der Anlage geschützt werden, wenngleich sich dies mit Blick auf die Priorisierungsmethode in Sachsen geändert hat (Müller 2006). Zudem fehlte es in der Vergangenheit an strategischen Ansätzen mit umfassender Perspektive.

Die bisherige Subventionspraxis im Bereich des Hochwasserschutzes ist (weiterhin auch in Sachsen) ausgerichtet auf Maßnahmen und deren Kosten. Die Steuerung der Politik erfolgte somit Input-orientiert. Zielvereinbarungen setzen beim Output an, das heißt bei den Zielen, Leistungen und Wirkungen. Eine Zielvereinbarung hält das anzustrebende Ergebnis fest. Die Notwendigkeit vieler Detailvorschriften über einzelne Maßnahmen entfällt. Da Vereinbarungen über das Ergebnis getroffen werden, erhalten die regionalen und lokalen Akteure mehr Handlungsspielraum sowohl auf der Ebene ihrer Strategien als auch auf der Ebene der konkreten Maßnahmen. Dieser Gedanke wurde erstmals in der Schweiz für die Waldwirtschaft im Rahmen des Programms »effort2« entwickelt (BUWAL 2002).

Damit sollen folgende Ziele erreicht werden (BUWAL 2002, S. 17 ff.):

- Stärkung der Subsidiarität: Die Einigung auf gemeinsame strategische Ziele, welche quantifiziert und in einer Zielvereinbarung festgehalten werden. Die operative Verantwortung für die Umsetzung dieser Ziele soll vollumfänglich Sache der regionalen Ebene sein. Diese Delegation von Kompetenzen und Verantwortlichkeiten soll eine stufengerechte Wahrnehmung der Aufgaben garantieren.
- Die Effektivität soll gesteigert werden: Entscheidend für die Vertragserfüllung soll das Erreichen der gemeinsam gesteckten Ziele sein. Dafür sollten Maßnahmen und Projekte zu längerfristigen Programmen mit klarer Zielsetzung zusammengefasst werden.
- Die Effizienz soll erhöht werden: Indem Fördermittel des Bundes bzw. der Länder nicht mehr kosten-, sondern ergebnisorientiert vergeben werden, können die regionalen und kommunalen Akteure zu wirtschaftlicher Effizienz motiviert werden. Zielvereinbarungen beziehen sich zudem auf umfassende Programme; sie vermeiden die Bearbeitung von Einzelprojekten sowie Mehrfachkontrollen zwischen Staat und regionalen/lokalen Akteuren.

Die große Herausforderung besteht in diesem Zusammenhang in der Definition relevanter und praktikabler Steuerungsgrößen respektive Indikatoren zur Messung der Vertragserfüllung. Priorität haben dabei eindeutige Vertragsziele ohne Bandbreiten und ohne Etappen. Folgende Steuerungsinstrumente werden vorgeschlagen (BUWAL 2002, S. 45 f.):

- Auf der strategischen Ebene stellt sich die Frage, ob die Vertragsziele auch tatsächlich zu der erwünschten Wirkung (Reduzierung des Hochwasserrisikos) beitragen. Die dazu notwendigen Überprüfungsinstrumente umfassen ein Monitoring der erzielten Wirkungen sowie Evaluationen des gesamten Programms. Monitoring und Evaluation sind primär die Steuerungsinstrumente der staatlichen Ebene.
- Auf der operativen Ebene gilt es das Erreichen der Vertragsziele systematisch zu prüfen und zu sichern. Dazu dient das Controlling. Mit Controlling wird ein Prozess beschrieben, der sowohl Beobachtung/Kontrolle (retrospektiv) als auch Steuerung/Planung (prospektiv) umfasst. Das Controlling ist Angelegenheit der regionalen/lokalen Akteure, da diese über die zu ergreifenden Maßnahmen entscheiden. Staat und Region bzw. Maßnahmenverantwortliche legen Ziele gemeinsam fest; die Regionen entscheiden über die Maßnahmen zur Zielerreichung, setzen diese um, erfassen die Istwerte, d. h. kontrollieren die Wirkung der Maßnahmen. Am Ende steht ein Soll-/Ist-Vergleich: Wurde das Ziel erreicht? Bei großen Abweichungen muss dieses u. U. angepasst werden und der Zyklus beginnt erneut. Aber auch angesichts der Unsicherheiten über die Entwicklung des zukünftigen Risikos kann es erforderlich sein, das Ziel anzupassen: bei abnehmendem Risiko kann man sich mit dem gleichen Aufwand ambitionierte Ziele setzen oder, bei gleich bleibendem Ziel ggf. den Maßnahmenaufwand reduzieren.

Zentraler Bestandteil einer Zielvereinbarung ist das Produktblatt, in dem die vereinbarten Wirkungsziele genannt und die Beiträge bzw. Leistungen der Vertragspartner festgelegt sind. Dieses Produktblatt wird dann zum zentralen Bestandteil eines öffentlich-rechtlichen Vertrages.

Tabelle 1: Produktblatt einer Zielvereinbarung

Element	Inhalt
Wirkungsziel	Beschreibung der erwünschten Wirkung
Monitoringindikatoren	Indikatoren zur Überprüfung des angestrebten Wirkungsziels
Vertragsziele	Beiträge der Vertragspartner zur Erfüllung des Wirkungsziels
Vertragsindikator	Jedes Vertragsziel wird mit einem quantitativ messbaren Indikator operationalisiert
Qualitätssicherung	Für jedes Vertragsziel werden die wichtigsten Qualitätsziele angeführt. Operationalisierung über Indikatoren oder Verhaltensgrundsätze
Finanzierung	Kostenträger der einzelnen Vertragsziele

Quelle: verändert nach BUWAL (2002), S. 49.

4. Zielvereinbarungen – Ihre Anwendung im Hochwasserrisikomanagement

Das strategische Ziel besteht hier in der Reduzierung des bestehenden Hochwasserrisikos (Haupthandlungsoptionen sind die Reduzierung der Eintrittswahrscheinlichkeiten eines bestimmten Ereignisses bzw. Minimierung der Verwundbarkeit bzw. der vorhandenen Schadenspotenziale und Stärkung der Reaktionspotenziale). Dieses Ziel ist Grundlage jeder Zielvereinbarung. Dies setzt voraus, dass Informationen über das Hochwasserrisiko vorhanden sind (Input kommt im VERIS Projekt aus den AP 2 – 4) und sich der bzw. die verantwortlichen Akteure grundsätzlich über ein bis zu einem bestimmten Zeitpunkt zu erreichendes Schutzziel für ein gesamtes Einzugsgebiet und/oder Teilabschnitte verständigt haben (z. B. innerhalb des Freistaats Sachsen, einer Regionalplanungsregion oder eines Teileinzugsgebiets).

Zielvereinbarungen können grundsätzlich auf allen räumlichen Betrachtungsebenen zur Anwendung kommen. Als Vertragspartner kommen neben Wasserwirtschaft und Regionalplanung Kommunen sowie andere Planungsträger in Betracht, die mit Hilfe ihres Instrumentariums HWS zu befördern oder zu behindern in der Lage sind (z. B. auch Verkehrsplanung, Rohstoffgewinnung, Landwirtschaft, Naturschutz etc.) sowie Private.

Während die Zielsetzung von allen Beteiligten anerkannt wird, besteht hinsichtlich der Mittelwahl (Alternativendiskussion) grundsätzlich eine Dispositionsfreiheit der regionalen/lokalen Akteure. Dafür ist eine ex-ante Abschätzung der Wirkungen vereinbarter Alternativen im Hinblick auf Effizienz und Effektivität erforderlich, um die Gewährleistung des vereinbarten Zieles sicherzustellen. Erste Einschätzungen auf einer semiquantitativen Ebene liefert hier der IKSR-Bericht »Hochwasservorsorge – Maßnahmen und ihre Wirksamkeit« (IKSR 2002).

Es war auch das Rheineinzugsgebiet, wo mit dem Aktionsplan Hochwasser am Rhein die ersten strategischen, quantifizierten Wirkungsziele vereinbart worden sind (IKSR 1995):

- Minderung der Schadensrisiken – keine Erhöhung der Schadensrisiken bis zum Jahr 2000, Minderung um 10% bis zum Jahr 2005 und um 25% bis 2020.[2]
- Minderung der Hochwasserstände – Minderung der Extremhochwasserstände unterhalb des staugeregelten Bereichs (etwa stromabwärts von Baden-Baden) um bis zu 30 cm bis zum Jahr 2005 und um 70 cm bis zum Jahr 2020.
- Verstärkung des Hochwasserbewusstseins – Verstärkung des Hochwasserbewusstseins durch Erstellung von Risikokarten für 50 % der Überschwemmungsgebiete und der hochwassergefährdeten Bereiche bis zum Jahr 2000 und für 100 % bis zum Jahr 2005.
- Verbesserung des Hochwassermeldesystems – Kurzfristige Verbesserung der Hochwassermeldesysteme durch internationale Zusammenarbeit. Verlängerung der Vorhersagezeiträume um 50 % bis zum Jahr 2000 und um 100 % bis 2005.

2 Hier gilt es zu bemerken, dass der Begriff »Schadensrisiken« in die Irre führt, da die Konsequenzen eines Ereignisses reduziert werden sollen. Risiko wird jedoch als Produkt aus Eintrittswahrscheinlichkeit und Konsequenzen definiert, so dass davon ausgegangen werden muss, da hier getrennt Eintrittswahrscheinlichkeiten (über Minderung der Hochwasserstände) und Schadenspotenziale reduziert werden sollen – nicht aber das Produkt Risiko direkt angesprochen wird.

Bei derartigen auf eine beabsichtigte Wirkung abzielenden Zielsetzungen stellt sich die Frage, ob diese Ziele nur insgesamt, für jeden einzelnen Flussabschnitt oder sogar für jede Gemeinde Gültigkeit besitzen sollen. Zwar sollte jeder einen gleichwertigen Beitrag leisten, der aber nicht notwendigerweise gleichartig zu sein hat.

Eine derartige Flexibilität, die erforderlich erscheint, um auf ein Flusseinzugsgebiet bezogen eine größtmögliche Wirkung bei geringstmöglichem Mitteleinsatz zu erzielen, wird mit dem klassischen Ansatz von relativ starren ordnungsrechtlichen Nutzungseinschränkungen durch Wasserwirtschaft wie Raumplanung, kombiniert mit der Subvention von Einzelprojekten, nicht erreicht werden können.

Die vielfältigen Nutzungsinteressen in den Flussauen von Siedlungstätigkeiten über Verkehrsinfrastruktur, Landwirtschaft aber auch Rohstoffgewinnung, Naturschutz und Grundwasserschutz erfordern eine sorgfältige Abwägung. Zwar stehen die strategischen Ziele wie die Vermeidung der Entstehung weiterer Schadenspotenziale durch raumplanerische Maßnahmen (Vorrang-, Vorbehaltsgebiete) nicht in Frage – im Gegenteil, es sollte eine Risikoreduzierung angestrebt werden. Dies ist mit raumordnerischen Instrumenten alleine nicht zu erreichen. Dennoch sollte im Einzelfall eine Abwägung mit divergierenden Zielen möglich sein.

Dies erkennt auch das Gesetz zur Verbesserung des vorbeugenden Hochwasserschutzes vom 3.5.2005 im Grundsatz an, wenngleich die neu eingeführten Regelungen des § 31 b Abs. 4 WHG hier noch relativ starr sind.

Jedenfalls kann demnach die Ausweisung oder Ergänzung von Baugebieten in einem festgesetzten Überschwemmungsgebiet durch die zuständige Behörde ausnahmsweise zugelassen werden, wenn die folgenden Voraussetzungen umfassend erfüllt sind:

- Es bestehen keine anderen Möglichkeiten zur Siedlungsentwicklung und können nicht geschaffen werden;
- Das neue Gebiet grenzt an ein bestehendes an;
- Eine Gefährdung von Leben, erhebliche Gesundheits- oder Sachschäden sind nicht zu erwarten;
- Der Hochwasserabfluss und die Höhe des Wasserstandes werden nicht nachteilig beeinflusst;

- Die Hochwasserrückhaltung wird nicht beeinträchtigt und Rückhalteraum geht nicht verloren bzw. wird in Umfang und Funktion zeitnah ausgeglichen;
- Der bestehende Hochwasserschutz wird nicht beeinträchtigt;
- Es sind keine nachteiligen Auswirkungen auf Oberlieger zu erwarten;
- Die Belange der Hochwasservorsorge werden beachtet;
- Die Bauvorhaben werden so errichtet, dass bei dem Bemessungshochwasser, das der Festsetzung des Überschwemmungsgebietes zu Grunde liegt, keine baulichen Schäden zu erwarten sind.

Ähnliche Regelungen hat das Gesetz mit § 31 b Abs. 4 WHG hinsichtlich der Vorhaben nach den §§ 30, 34 und 35 BauGB. Deren Errichtung oder Änderung bedürfen der Genehmigung durch die zuständige Behörde. Die Genehmigung darf nur erteilt werden, wenn im Einzelfall das Vorhaben

1. die Hochwasserrückhaltung nicht oder nur unwesentlich beeinträchtigt und der Verlust von verloren gehendem Rückhalteraum zeitgleich ausgeglichen wird,
2. den Wasserstand und den Abfluss bei Hochwasser nicht nachteilig verändert,
3. den bestehenden Hochwasserschutz nicht beeinträchtigt und
4. hochwasserangepasst ausgeführt wird oder wenn die nachteiligen Auswirkungen durch Auflagen oder Bedingungen ausgeglichen werden können.

Insbesondere die Verpflichtung zum zeitnahen Ausgleich des Retentionsraums in Umfang und Funktion erschwert die Handhabung dieser Regelung. Ebenso wenig finden sich Aussagen zu anderen Zielsetzungen wie zur Verringerung von Schadenserwartungswerten[3], die einen wertgleichen

3 **Schadenspotentiale** werden verstanden als die monetär erfassbaren Bestandswerte. Diese haben eine »autonome« Komponente, d.h. empirisch ist nachweisbar, dass sie infolge werterhaltender Maßnahmen bzw. auch von Neuinvestitionen in ihren absoluten Werten von Jahr zu Jahr wachsen. Demgegenüber wird mit »**Schadenserwartungswert**« der voraussichtlich bei einem bestimmten Wasserstand erwartbare Schaden gemeint, der mithin immer ein bestimmter Bruchteil des entsprechenden Schadenspotenzials ist.

Ersatz ermöglichen würden. Dies verwundert nicht weiter, da dies geeignete Indikatoren erfordert, um Effizienz und Effektivität der verschiedenen Maßnahmen beurteilen zu können, was es erlauben würde zu ermitteln, ob der nachteilige Effekt einer baulichen Entwicklung ausgeglichen werden kann.[4]

Bei dem hier vorgeschlagenen wirkungsorientierten Ansatz würde der Finanzierungsbeitrag vom erzielten bzw. erzielbaren Resultat abhängen, der für die Maßnahmenumsetzung zuständige Planungsträger ist frei in der Maßnahmenwahl. Eine Vollzugskontrolle der Maßnahmen ist vorzusehen und soll mit Hilfe eines speziellen Programmcontrollings durchgeführt werden. Damit wäre erstmalig ein direkter Vergleich unterschiedlicher Handlungsansätze bzw. Maßnahmen zur Beeinflussung des Risikos möglich.

Das strategische Ziel bei Zielvereinbarungen im Hochwasserrisikomanagement besteht in der Reduzierung des bestehenden Hochwasserrisikos. Dieses Ziel ist Grundlage jeder Zielvereinbarung, die im Folgenden beispielhaft erläutert wird. Während die Zielsetzung von allen Beteiligten anerkannt wird, besteht hinsichtlich der Mittelwahl (Alternativendiskussion) grundsätzlich eine Dispositionsfreiheit der regionalen/lokalen Akteure.

---

4 **Effektivität:** Verhältnis von Soll/Ziel- zu Ist-Werten, also von geplanten zu den tatsächlich erreichten Werten im Steuerungsprozess. Die Verbesserung der Effektivität des Staates ist das Ziel der wirkungsorientierten Verwaltungsführung. Effektivität auf der Nutzerebene heißt, die Bedürfnisse der Bevölkerung durch größte Nutzenstiftung optimal abzudecken.
Effizienz: Verhältnis von Input zu Output. Die eingesetzten Ressourcen wie Finanzen und Personal (Input) werden mit dem tatsächlichen Leistungsergebnis (Output) verglichen. Die Effizienz wird ermittelt, um im Quervergleich beurteilen zu können, ob mit den eingesetzten Mitteln ein möglichst hohes Leistungsergebnis erzielt wird.
Indikator: Merkmal, das auf den Zustand oder die Entwicklung von Kosten, Leistungen oder Wirkungen hinweist. Meist bestehen Indikatoren aus dem Verhältnis zweier Grössen (z.B. Kosten pro Einheit, Ereignisse pro Zeiteinheit). Quelle: BUWAL 2004, S. 45.

Tabelle 2: Produktblatt einer Zielvereinbarung

Element	Inhalt	Möglicher Inhalt beim Hochwasserrisikomanagement (beispielhaft für Bauvorsorge)
Wirkungsziel	Beschreibung der erwünschten Wirkung	Reduzierung des gegebenen Hochwasserrisikos um X % bis zum Zeitpunkt Y
Monitoringindikatoren	Indikatoren zur Überprüfung des angestrebten Wirkungsziels	Schadenserwartungswerte pro Raumeinheit ist/soll Pegel beim 100-jährlichen Ereignis $t^{0} - t^{1}$
Vertragsziele	Beiträge der Vertragspartner zur Erfüllung des Wirkungsziels	Reduzierung der Schadenserwartungswerte im baulichen Bestand um eine Größenordnung x bis zum Zeitpunkt y
Vertragsindikator	Jedes Vertragsziel wird mit einem quantitativ messbaren Indikator operationalisiert	Überprüfung der Maßnahmenumsetzung in Bauvorsorgemaßnahmen pro Objekten/Zeiteinheit
Qualitätssicherung	Für jedes Vertragsziel werden die wichtigsten Qualitätsziele angeführt. Operationalisierung über Indikatoren oder Verhaltensgrundsätze	Orientierung am Stand der Technik
Finanzierung	Kostenträger der einzelnen Vertragsziele	Ggf. die Kommune, die von einer Chancenrealisierung profitiert

Bei einem derartigen Vorgehen lassen sich sowohl Nutzen als auch Kosten der Maßnahmen ableiten, wobei alternative Maßnahmen hinsichtlich ihrer Effizienz und Effektivität sowie ihres Raumwiderstands beurteilt werden können.

Gleichwohl gilt es für einen Lastenausgleich nicht nur die relativen, sondern auch die absoluten Werte bzw. Herstellungskosten für den Vorhabenträger einer Schutzmaßnahme einerseits und Nutzen für den Unterlieger andererseits zu berücksichtigen.

Mit Hilfe derartiger Indikatoren könnten die verschiedenen Handlungsansätze untereinander verhandelbar werden, solange die Erfüllung des gewählten Ziels gewährleistet bleibt. Zur Gewährleistung der damit verbundenen Ziele zur Reduzierung der Eintrittswahrscheinlichkeit eines Hochwassers mit einem bestimmten Pegelstand bzw. der damit einhergehenden Schadenserwartungswerte sind sowohl restriktive Maßnahmen (etwa über die Raumordnung), als auch wasserbauliche Maßnahmen bzw. Förderprogramme zur Umsetzung dieser vereinbart worden, aber auch andere Maßnahmen, die im Rahmen der Bauleitplanung, der Baugenehmigung oder durch private Vorsorge umgesetzt werden.

Was in der Regel nicht gelingen wird, ist die Herstellung einer wirklichen Wirkungskontrolle. Sehr wohl möglich ist eine Umsetzungs- bzw. Vollzugskontrolle. Diese ist mit einem Monitoring der Entwicklung der Gesamtsituation zu koppeln. Sollte trotz nachweislicher Umsetzung der vereinbarten Maßnahmen sich die Situation (hier das Risiko) nicht verbessern, ist über zusätzliche Maßnahmen nachzudenken.

Das Wirkungsziel würde im Rahmen eines öffentlich-rechtlichen Vertrages vereinbart werden. In diesen Vertrag müssen natürlich Regelungen für vertragswidriges Verhalten eingebaut werden (etwa Vertragsstrafen). Wenn etwa private Dritte finanziell unterstützt werden, um ihre Bauvorsorge zu ertüchtigen, handelt es sich um einen privatrechtlichen Vertrag, in den man natürlich etwa die Nachweispflicht der Maßnahmenumsetzung bis zum Zeitpunkt x aufnehmen kann oder im Fall des Nichterfüllens eine Rückzahlungspflicht des Zuschusses festlegt.

Das Konzept einer Zielvereinbarung ist viel besser als konditional programmiertes, regelbasiertes Entscheiden in der Lage, flexibel auf Veränderungen der Rahmenbedingungen (z. B. aufgrund externer Einflüsse wie des Klimawandels) zu reagieren. Im Rahmen des regelmäßigen Monitorings bzw. Überprüfung der angestrebten Wirkung sind Veränderungen des Hochwasserrisikos zu überprüfen. Dieses Monitoring sollte zumindest im jährlichen Rhythmus stattfinden.

Mithin sind die Maßnahmen bei einem eher abnehmendem Risiko aufgrund eines geringeren Niederschlags (Jahressumme wie auch Anzahl und Intensität von Starkregenereignissen), wie sie sich im Elbeeinzugsgebiet andeutet, genauso anzupassen wie bei gegenteiligen Entwicklungen (voraussichtlich im Rheineinzugsgebiet zu erwarten).

Selbstverständlich könnten sich die Akteure dann auch ambitionierte Ziele setzen, die aufgrund der geänderten Rahmenbedingungen erreichbar scheinen oder aber auf aufwändige Maßnahmen verzichten, wenn das ursprünglich vereinbarte Ziel (Reduzierung bis t-1 gegenüber t-0 um x %) den Beteiligten hinreichend erscheint.

Wie bereits in Kap. 2 ausgeführt, wird dabei der Konsens unter den Vertragspartnern als Grundlage der Legitimation dienen müssen, weil das Recht selber bei fehlender Prognosegrundlage keine umfassenden Entscheidungskriterien mehr liefern kann.

5. Anwendung der Zielvereinbarungen im Hochwasserrisikomanagement auf den einzelnen räumlichen Ebenen

Im Folgenden werden die Implikationen der Anwendung des Konzepts für die verschiedenen räumlichen Ebenen näher beleuchtet.

5.1. Gesamteinzugsgebiet – zwischenstaatliche Vereinbarungen

Auf dieser Ebene gilt es, analog zu bestehenden Ansätzen etwa im Rahmen des Hochwasseraktionsplans Rhein eine Vereinbarung zu schließen, abzielend auf operationalisierte Ziele hinsichtlich Pegelstände bzw. Schadenspotenziale für ein Flusseinzugsgebiet, wobei der Schwerpunkt auf dieser räumlichen Ebene sicherlich im Bereich Wasserrückhalt liegt. Die vertragsbeteiligten Staaten sichern dabei staatsvertraglich die Erreichung bestimmter, quantitativer Beiträge zum Gesamtziel zu. Dafür steht ein fixierter Finanzierungsrahmen zur Verfügung, wobei ein Ziel darin besteht, den Mittelrahmen möglichst effizient einzusetzen. Die geeignet erscheinenden Maßnahmen werden nach Effizienzgesichtspunkten räumlich verteilt; ein finanzieller Lastenausgleich wird vereinbart, falls sich herausstellt,

- dass bestimmte Anrainerstaaten mit geringerem Mitteleinsatz das vereinbarte Mengenziel erreichen können, als die eigentlich vertraglich zuständigen (Effizienzkriterium);
- bei gegebenem Mitteleinsatz sich in bestimmten Teilräumen ein besseres Ergebnis (etwa Rückhaltevolumen) schaffen lässt als in dem eigentlich zuständigen (Effektivitätskriterium). Dies ist offensichtlich der Fall, da

der Schutz bestimmter Unterlieger wie Sachsen nur durch Maßnahmen am Oberlauf in Tschechien erreicht werden kann);

- sich ein vergleichbares Ziel auf dem Territorium eines Staates bei geringeren Raumwiderständen als in einem Nachbarstaat erreichen lässt.

Angesichts der Konzentration auf den deutschen Teil des Einzugsgebiets kommen Vereinbarungen zwischen den berührten Bundesländern primär hinsichtlich der Lokalisierung von gesteuerten Poldern in Betracht. Denkbar ist etwa der »Einkauf« von Rückhaltevolumina durch Unterlieger bei Oberliegern, die aufgrund naturräumlicher Voraussetzungen und/oder geringerer Raumwiderstände effizienter und effektiver in der Lage sein könnten, den erforderlichen Rückhalt bereitzustellen, um ein angestrebtes Schutzziel zu realisieren. Dabei wird auf einen Vergleich der Fokusräume abgestellt, die im Rahmen von VERIS identifiziert werden.

5.2. Teileinzugsgebietsebene – regionale Vereinbarungen als Bestandteil des Regionsmanagements

Auf dieser räumlichen Ebene werden Vereinbarungen zwischen einem für den Hochwasserschutz zuständigen Bundesland und regionalen Akteuren oder aber innerhalb einer Region oder eines Teileinzugsgebiets mit den Kommunen getroffen. Als Ausgangspunkt können vorhandene Regionalkonferenzen oder andere Kooperationsansätze wie das Weißeritzforum als Verhandlungsbühne genutzt werden.

Im Mittelpunkt steht zunächst die Anerkennung des Ziels, bestehende Risiken schrittweise bis zu einem definierten Zeitpunkt zu reduzieren. Die Mittel, mit Hilfe derer einzelne Kommunen ihren Beitrag leisten, bleiben ihnen überlassen.

Sollte sich eine solche Kooperation verfestigen, ist auch ein finanzieller Ausgleich zwischen den Beteiligten denkbar für den Fall, dass sich aufgrund naturräumlicher Voraussetzungen auf dem Gemarkungsgebiet einer Gemeinde Hochwasserschutz effizienter bzw. effektiver verwirklichen lässt oder aber die Kommunen in unterschiedlicher Weise von den Schutzmaßnahmen profitieren. Dies könnte über eine Fondslösung erfolgen. Dass heißt, alle privaten Haushalte, Betriebe sowie öffentlichen Betreiber von Einrichtungen oder Gebäuden im Gefährdungsbereich tragen über Umlagen zu dem Fonds bei. Die Bemessung der Beiträge, die zur Deckung eines angestrebten Schutzniveaus ausreichend sein müssen, erfolgt dann entsprechend der Höhe des Nutzens (d. h. der annualisierten Schadensminderungswerte) der einzelnen Akteure bzw. Akteursgruppen. Nicht praktikabel erscheint die unmittelbare Beteiligung aller privaten und öffentlichen Akteure an den Verhandlungen. Stattdessen sind geeignete Interessenvertreter zu benennen (z. B. IHK, Naturschutzverbände, Gemeinden).

Im Idealfall sollten auch die bestehenden staatlichen Mittel für den Hochwasserschutz in den Fonds einfließen, doch dürfte sich dies aufgrund der bestehenden Priorisierungsmethodik zumindest in Sachsen schwierig verwirklichen lassen.

5.3. Operative Ebene – Vereinbarungen über alternative Lösungswege

Diese dritte, operative Ebene fokussiert auf die Beziehung zwischen Regionalplanung und Kommunen und hier primär die Bauleitplanung. Im Fokus liegt primär die Reduzierung der Schadenspotenziale bzw. die Möglichkeit für die Regionalplanung, auch auf den baulichen Bestand Einfluss nehmen zu können. Das dafür geeignete Instrument ist der öffentlich-rechtliche Vertrag (§§ 54 ff VwVfG); ggf. in Form eines landesplanerischen Vertrages im Sinne des § 13 Satz 5 ROG. Es lassen sich drei prinzipielle Anwendungsfälle für Zielvereinbarungen vorstellen. In allen der drei im Folgenden erläuterten Anwendungsfälle besteht ein Interesse auf kommunaler Seite, zu einer Vereinbarung zu kommen. Erforderlich ist jedoch auch eine raumordnerische Bedeutsamkeit, d. h. insbesondere die Überörtlichkeit einer Vereinbarung. Diese kann etwa gegeben sein, wenn Entwicklungen ermöglicht werden, die positive Auswirkungen auf den regionalen Arbeitsmarkts haben.

In der Regel wird eine Kommune oder sogar ein konkreter privater Investor vorhanden sein, der willens ist, die erforderliche Überkompensation zu finanzieren. Es wäre sogar denkbar, diesen Ansatz in Richtung eines »Risikokontos« zu entwickeln – analog zu den existierenden Ökokonten. Man würde für jeden unvermeidbaren Eingriff in Retentionsraum oder andere risikoerhöhende bauliche Vorhaben auch im Bestand einen Ausgleich am Ort oder an anderer Stelle zu erbringen haben, wobei eine oder mehrere Gemeinden einen Pool schaffen könnten, in den auch vorab durchgeführte Risikoreduktionsmaßnahmen eingebucht werden könnten.

Zwischen Regionalplanung und einer Kommune

Erste Voraussetzung für eine spätere Übereinkunft ist eine gemeinsame Problemsicht und ein Konsens über den anzustrebenden Lösungsweg, d. h. die Anerkennung der Notwendigkeit eines verstärkten, vorsorgeorientierten Hochwasserschutzes. Dabei soll als Lösungsweg eine Flexibilisierung hoheitlicher Instrumentarien (insbesondere Vorranggebiete für HWS, aber auch die Bauverbote gemäß § 31 Abs. 4 WHG) ermöglicht werden, um Kommunen in Ausnahmefällen die Möglichkeit der weiteren Siedlungsflächenentwicklung in gefährdeten Gebieten einzuräumen, falls die Kommune nachweisen kann, dass keine Entwicklungsalternativen bestehen und der Bedarf belegt ist sowie insgesamt dadurch das Risiko nicht erhöht wird. Auch die Opportunitätskosten oder der mit dem Verzicht auf eine Entwicklung verbundenen Chancenverzicht sollte hier thematisiert werden. Denkbar wäre deshalb gerade für gewerbliche Gebiete bei Neuentwicklungen der Verzicht auf einen kollektiven Hochwasserschutz und die Konzentration auf den Objektschutz. Auf diese Weise (Verzicht auf Eindeichung bzw. Aufschüttung) würde ein möglicher Retentionsraumverlust minimiert.

Neben dem funktionalen Ausgleich des Retentionsraumverlustes könnten alternativ andere Kompensationsmöglichkeiten zugelassen werden: Mehr als 100% Ausgleich über eine Reduzierung der Schadenspotenziale im baulichen Bestand bzw. über Rücknahme bestehender, unausgeschöpfter Baurechte im Rahmen der Bauleitplanung bzw. Baugenehmigung. Die Effektivität der Maßnahmen ist über o. g. Indikatoren zu messen, bei der Auswahl einer konkreten Maßnahmenalternative sollten Effizienzgesichtspunkte herangezogen werden.

Zwischen Regionalplanung und mehreren Kommunen

Die Voraussetzungen für eine Zielvereinbarung sind die Gleichen wie oben beschrieben. Die räumliche Situation stellt sich jedoch anders dar: Aufgrund der Lagegunst konzentriert sich die Siedlungsentwicklung (z. B. im gewerblichen Bereich) auf eine Kommune. Die Potenzialflächen sind hochwassergefährdet und ggf. Bestandteil eines Überschwemmungsgebietes nach WHG und/oder eines Vorrang- oder Vorbehaltsgebietes nach ROG. Die Entwicklung wird hier im Einvernehmen aller Beteiligten zugelassen, wenn Nachbarkommunen willens sind, Retentionsraum zu schaffen oder ihre Schadenspotenziale zu reduzieren, damit das insgesamt für einen Flussabschnitt oder Teileinzugsgebiet vereinbarte Reduktionsziel erreicht wird. Dafür sind die unter Tabelle 1 erläuterten Indikatoren heranzuziehen. Ein finanzieller Ausgleich erfolgt durch die Belegungskommune, die von einer Siedlungsentwicklung profitiert, etwa indem Objektschutzmaßnahmen auf dem Gebiet der Nachbargemeinde finanziert werden würden. Dies würde dem Verursacherprinzip Rechnung tragen.

Zwischen Wasserwirtschaft, Regionalplanung und einer oder mehreren Kommunen

Die Voraussetzungen für eine Zielvereinbarung sind die gleichen wie oben beschrieben; zusätzlich ist jedoch eine Übereinstimmung mit den Akteuren der Wasserwirtschaft herbeizuführen. Dies kann insbesondere dann erforderlich sein, wenn die Ausnahmeregelung des § 31 Abs. 4 WHG tangiert ist, d. h. die Zustimmung der Wasserwirtschaft zwingend erforderlich ist.

Vertraglich vereinbart werden kann der Verzicht auf die Umsetzung eines unter wasserwirtschaftlichen Gesichtspunkten optimalen Standorts für einen Polder oder eine Deichrückverlegung aufgrund vorhandener Raumwiderstände zu Gunsten einer suboptimalen Alternative (z. B. verbunden mit einem geringeren Rückhaltevolumen). Dafür erfolgt die Zusicherung der betroffenen Kommunen zur Reduzierung des Schadenspotenzials als Ausgleich für ein verringertes Rückhaltevolumen. Die Regionalplanung als Vertragspartner sichert dabei über ihr Instrumentarium die Befolgung des alternativen Lösungswegs zur Risikominderung ab (z. B. über Restriktionen für die Siedlungsentwicklung über Vorranggebiete, die auch überschwemmungsgefährdete Bereiche betrifft und/oder zusätzliche Restriktionen für besonders gefährdete oder gefährliche Nutzungen wie Kläranlagen, Krankenhäuser etc.). Die Messung der Zielerreichung erfolgt über die mit Tabelle 1 beschriebenen Indikatoren.

6. Fazit

Für die Überprüfung der Anwendbarkeit des Konzeptes sind Gespräche auf allen angesprochenen räumlichen Ebenen mit den verschiedenen Akteuren von Raumplanung wie Wasserwirtschaft geführt worden, da eine neue

Form des kooperativen Miteinanders der zum Risikomanagement Beitragenden gefunden werden soll. Als Ergebnis dieser Gespräche wird im Rahmen eines Planspiels der Ansatz einer Zielvereinbarung für den Raum Dresden unter Beteiligung des SMUL, des Regierungspräsidiums Dresden, der Regionalplanung Oberes Elbtal/Osterzgebirge, der Landestalsperrenverwaltung und der Stadt Dresden getestet.

Quellen:

Bundesamt für Umwelt, Wald und Landschaft (Hrsg. 2002): effor 2 – Konzeptbericht. Umweltmaterialien Nr. 145. Bern 2002.

Bundesamt für Umwelt, Wald und Landschaft (Hrsg. 2004): Leistungsorientierte Subventionspolitik im Bereich des WaG. Bern.

Friedrich, F. (2006): Generalplan Hochwasserschutz Elbe in Sachsen-Anhalt. Vortrag auf dem II. Workshop zu den Studien über die Ermittlung von Hochwasserrisiken und Hochwasserschäden. Dresden 26.01.2006.

Heiland, P. (2002): Vorsorgender Hochwasserschutz durch Raumordnung, interregionale Kooperation und ökonomischen Lastenausgleich. Schriftenreihe WAR 143. Darmstadt 2002.

Hiller, P. (1993): Der Zeitkonflikt in der Risikogesellschaft – Risiko und Zeitorientierung in rechtsförmigen Verwaltungsentscheidungen, Duncker & Humblot. Berlin 1993.

Internationale Kommission zum Schutz der Elbe (Hrsg. 2003): Aktionsplan Hochwasserschutz Elbe. Magdeburg 2003.

Internationale Kommission zum Schutz der Elbe (Hrsg. 2006): Erster Bericht über die Erfüllung des »Aktionsplans Hochwasserschutz Elbe« im Zeitraum 2003 bis 2005. Magdeburg 2006.

Internationale Kommission zum Schutz des Rheins (Hrsg. 1995): Hochwasseraktionsplan Rhein. Koblenz.

Internationale Kommission zum Schutz des Rheins (Hrsg. 2002): Hochwasservorsorge – Maßnahmen und ihre Wirksamkeit. Koblenz 2002.

Müller, U. (2006): Kosten-Nutzen-Betrachtungen und Bewertung von Maßnahmen der Hochwasserschutzkonzepte. Vortrag auf dem II. Workshop zu den Studien über die Ermittlung von Hochwasserrisiken und Hochwasserschäden. Dresden 25.01.2006.

Waldmüller, B.: Sozio-ökonomische Entwicklung und Ökologie. Planungs- und Bewertungsprobleme bei Infrastrukturprojekten. Europäische Hochschulschriften. Frankfurt a. M. 2000.

Diskussionszusammenfassung

Nina *Wimschulte,* Zentralinstitut für Raumplanung, Münster

Die letzte Diskussionsrunde des Veranstaltungstages befasste sich mit den vorangegangenen Vorträgen von Dr. Carsten *Heemeyer,* Stadt Dortmund, über die Auswirkungen des Hochwasserschutzes auf Raumordnungspläne und von Prof. Dr. Stefan *Greiving,* Technische Universität Dortmund, zum Hochwasserrisikomanagement zwischen konditional und final programmierter Steuerung. Die Diskussion leitete Prof. Dr. Hans D. *Jarass,* LL.M, Direktor des Zentralinstituts für Raumplanung, Münster. Dieser dankte den Referenten zunächst für ihre Beiträge und wies daraufhin, dass es unterschiedliche Möglichkeiten zur Bewältigung der angesprochenen Probleme des Hochwasserschutzes gebe. Während das klassische deutsche Raumordnungsrecht planerisch ansetze, gehe die Europäische Union die Fragen mit Hilfe von Fördermaßnahmen an. Auch in Frankreich sei die Raumordnung anders ausgestaltet. Ohne sich damit gegen die Brauchbarkeit der bestehenden Instrumente auszusprechen, halte er es für wichtig und notwendig, den Blick für Alternativen offen zu halten.

In der ersten Wortmeldung richtete sich Dr. Susan *Grotefels,* Geschäftsführerin des Zentralinstituts für Raumplanung, Münster, mit der Frage an die Referenten, welche Änderungen die neue Hochwasserrisikomanagement-Richtlinie[1] der Europäischen Gemeinschaft erwarten lasse. *Greiving* erklärte daraufhin, dass die wesentliche Neuerung der Hochwasserrisikomanagement-Richtlinie darin bestehe, dass sogenannte Gefahren- und Risikokarten zu erstellen seien. Dabei werde auf verschiedene Jährlichkeiten abgestellt, darunter auch auf ein Extremereignis. Dieses Extremereignis sei in der Richtlinie nicht näher quantifiziert. Nach herrschender Meinung gehe es aber weit über das hundertjährliche Hochwasser hinaus. Brisant an den Neuregelungen sei insbesondere, dass der Öffentlichkeit im Rahmen der vorgesehenen Öffentlichkeitsbeteiligung vor Augen geführt werde, welche Gebiete bei Extremereignissen betroffen sein könnten. Interpretiere man die Überschwemmungsgebietsverordnungen als Gefahrenkarten, gebe

1 Richtlinie 2007/60/EG vom 23. Oktober 2007 über die Bewertung und das Management von Hochwasserrisiken (ABl. EG 2007 L 288/27).

es Risikokarten bislang im Wesentlichen nur dort, wo Hochwasseraktionspläne nach den Empfehlungen der Länderarbeitsgemeinschaft Wasser (LAWA) erstellt worden seien, also nur dort wo Schadenspotenziale ermittelt worden seien. Da dies nicht flächendeckend der Fall sei, bestehe hier noch Nachholbedarf und zwar auch bezogen auf die verschiedenen Jährlichkeiten, inklusive des Extremereignisses.

Weiterhin interessierte *Grotefels* sich dafür, welche Chancen für eine rechtzeitige Einbindung der Kommunen in die Hochwasserschutzplanung bestünden. *Greiving* entgegnete, dass eine Einbindung der Kommunen im Rahmen der Öffentlichkeitsbeteiligung erfolge.

Sodann gewährte Wolf-Dieter *Dallhammer,* Sächsisches Staatsministerium für Umwelt und Landwirtschaft, Dresden, einen Einblick in den Hochwasserschutz im Freistaat Sachsen. Dort werde nach wie vor konditional gearbeitet. So sei von der Stadt Dresden gerade ein Bebauungsplan für einen innerstädtischen Bereich in der Altstadt vorgelegt worden, der im Überschwemmungsgebiet sowohl der Weißeritz als auch der Elbe liege. Für dieses Gebiet biete sich zwar eine innerstädtliche Entwicklung an. Dennoch habe der Bebauungsplan keine Aussicht auf Genehmigung, weil der Hochwasserschutz dort bislang noch nicht fertig gestellt sei. Ungeachtet dessen wies er unter Bezugnahme auf den Vortrag von *Greiving* darauf hin, dass das dargestellte Spannungsverhältnis zwischen Flächenschonung und der Belastung der historisch gewachsenen Innenstädte mit Bauverboten tatsächlich existiere. In den mittlerweile in Sachsen zur Genehmigung vorliegenden Raumordnungsplänen seien »Vorranggebiete Hochwasser« und »Vorranggebiete Überschwemmungsbereich« sowie »Vorbehaltsgebiete Hochwasser« ausgewiesen. Als Ziel der Raumordnung sei u. a. festgelegt, dass in den Vorranggebieten Hochwasser, die sich innerhalb von Siedlungen befinden, auf eine Neuausweisung bzw. Verdichtung von Siedlungsgebieten zu verzichten sei. Bei einem im Einzelfall begründeten Erfordernis seien dem Hochwasserschutz angepasste Maßnahmen zu vollziehen. Überdies sei in den Raumordnungsplänen festgelegt, dass Standorte, von denen ein Sonderrisiko ausgehe, vorrangig zu sichern seien.

Greiving entgegnete darauf, dass die Konditionalprogrammierung natürlich nicht vollkommen obsolet werde. Sie solle aber zumindest dort ergänzt werden, wo sie wesentliche Schwächen aufweise. Ergänzend führte *Greiving* aus, dass er es für systemwidrig halte, wenn die wasserwirtschaftliche

Fachplanung konditional programmierte Regelungen setze, die der Raumplanung ihren Abwägungsspielraum vollkommen nähmen. Der Erlass von Bauplanungsverboten stehe der Wasserwirtschaft nicht zu. Vielmehr müsse es der Raumordnung im Rahmen ihrer Instrumentarien überlassen bleiben zu entscheiden, ob es in Abwägung mit anderen Raumnutzungen und Raumfunktionen angemessen ist, Bauplanung in Hochwassergebieten zu untersagen. Vor dem Hintergrund, dass ansonsten Effizienz- und Effektivitätsfragen vollkommen zurückträten, müsse die Raumordnung aber auch alternative Regelungen treffen können.

Prof. Dr. Dr. Wolfgang *Durner,* LL.M, Institut für das Recht der Wasser- und Entsorgungswirtschaft an der Universität Bonn, stellte in einem Redebeitrag sodann die Stärken und Schwächen der konditionalen und finalen Rechtssetzung im Umweltbereich heraus. Eine Schwäche der konditionalen Rechtssetzung sei ihre Unflexibilität. Zudem erfasse sie nicht den Altbestand, verfolge also keinen ganzheitlichen Ansatz. Gleichzeitig habe aber auch die finale Rechtssetzung ihre Tücken. So sei sie mit mannigfachen Unsicherheiten und Ungenauigkeiten behaftet und ziehe einen riesigen bürokratischen Aufwand nach sich. Möglicherweise sei der unflexible konditionale Ansatz deshalb manchmal effektiver.

Greiving wies im Gegenzug darauf hin, dass die Entdeckung der final programmierten Steuerung für das Hochwasserrisikomanagement auch damit zusammenhänge, dass man nicht mehr genau wisse, welche Tatbestandsvoraussetzungen zu welchen Folgen führen. Angesichts des Klimawandels und der Komplexität der berührten Fragen würden die Prognosegrundlage und die Rahmenbedingungen im Hochwasserbereich immer unsicherer. Das mache die konditional programmierte, regelbasierte Rechtssetzung vielleicht sogar angreifbar. Er halte es zwar nicht für grundsätzlich falsch, konditional programmiert zu entscheiden. In Anbetracht schrumpfender ökonomischer Ressourcen werde man aber nicht umhinkommen, finale Aspekte stärker in den Vordergrund zu stellen.

DER JURISTISCHE VERLAG
lexxion
BERLIN
www.lexxion.de

Die Schriftenreihe *„Beiträge zum Raumplanungsrecht"* des Zentralinstituts für Raumplanung an der Universität Münster wird herausgegeben von Professor Dr. Werner Hoppe und Professor Dr. Hans D. Jarass, LL.M. In der Schriftenreihe werden seit 1972 die Ergebnisse der wissenschaftlichen Untersuchungen des Instituts veröffentlicht.

Bislang sind im Lexxion Verlag erschienen:

Christina Kamp
Kommunale Steuerung der Bebaubarkeit durch Verträge und dingliche Rechte
XXIV, 302 Seiten · 2008 · ISBN: 978-3-939804-60-4 · Band 236

Kerstin Lahme
Der regionale Flächennutzungsplan
Eine Untersuchung am Beispiel des nordrhein-westfälischen Landesrechts
XXIII, 429 Seiten · 2008 · ISBN: 978-3-939804-48-2 · Band 235

Hans D. Jarass (Hg.)
Neue Entwicklungen des Bauplanungsrechts
Innenentwicklung, Zentrale Versorgungsbereiche, Private Initiativen
Symposium des Zentralinstituts für Raumplanung am 11. Juni 2007
VIII, 115 Seiten · 2007 · ISBN: 978-3-939804-33-8 · Band 234

Tim Uschkereit
Der Bestandsschutz im Bau- und Immissionsschutzrecht
XXIV, 440 Seiten · 2007 · ISBN: 978-3-939804-32-1 · Band 233

Carsten Heemeyer
Auswirkungen des Hochwasserschutzgesetzes auf Raumordnungs- und Bauleitpläne
XIII, 92 Seiten · 2007 · ISBN: 978-3-939804-20-8 · Band 232

Hans D. Jarass (Hg.)
Bestandsschutz bei Gewerbebetrieben – Vorgaben des Baurechts und des Verfassungsrechts
Symposium des Zentralinstituts für Raumplanung am 16. Oktober 2006
VIII, 95 Seiten · 2007 · ISBN: 978-3-936232-98-1 · Band 231

Beatrix Real
Die Landesplanungsgesetze im Vergleich
Eine Bilanz nach acht Jahren ROG 1998
XXI, 134 Seiten · 2007 · ISBN: 978-3-936232-97-4 · Band 230

Carsten Heemeyer
Flexibilisierung der Erfordernisse der Raumordnung
Aktuelle Rechtslage und Ausblick auf alternative Steuerungsmodelle
XXVI, 352 Seiten · 2006 · ISBN: 978-3-936232-93-6 · Band 229

Nicoline Cathérine Faber
Rechtsfragen der Planung von Flughäfen
XXXVI, 519 Seiten · 2006 · ISBN: 978-3-936232-76-9 · Band 228

Hans D. Jarass (Hg.)
Weiterentwicklung der Landesplanung
Symposium des Zentralinstituts für Raumplanung am 14. November 2005
VIII, 118 Seiten · 2006 · ISBN: 978-3-936232-75-2 · Band 227

Hans D. Jarass (Hg.)
Europäisierung der Raumplanung
Symposium aus Anlass des 40-jährigen Bestehens des Zentralinstituts für Raumplanung am 30. September 2004
VIII, 133 Seiten · 2005 · ISBN: 978-3-936232-53-0 · Band 226

Jens Christoph Luckas
Sanierungsplanung nach dem Bundes-Bodenschutzgesetz
Zur Einordnung des bundeseinheitlichen Verfahrensinstruments der Altlastensanierung
XXVII, 391 Seiten · 2005 · ISBN: 978-3-936232-50-9 · Band 225

Martin Kment
Nationale Unbeachtlichkeits-, Heilungs- und Präklusionsvorschriften und Europäisches Recht
XIX, 194 Seiten · 2005 · ISBN: 978-3-936232-49-3 · Band 224

Achmed El Bureiasi
Landesplanerische Beurteilung des großflächigen Einzelhandels
Eine Untersuchung am Beispiel des nordrhein-westfälischen Landesrechts
XXI, 340 Seiten · 2005 · ISBN: 978-3-936232-45-5 · Band 223

Ein Gesamtverzeichnis der Schriftenreihe (früher unter dem Titel: Beiträge zum Siedlungs- und Wohnungswesen und zur Raumplanung) kann im Internet unter folgender Adresse eingesehen werden: *http://www.uni-muenster.de/jura.zir.*